Joachim Perinet

Orion oder der Fürst und sein Hofnarr

ein Hofgemälde in vier Aufzügen

Joachim Perinet

Orion oder der Fürst und sein Hofnarr
ein Hofgemälde in vier Aufzügen

ISBN/EAN: 9783744620581

Hergestellt in Europa, USA, Kanada, Australien, Japan

Cover: Foto ©ninafisch / pixelio.de

Weitere Bücher finden Sie auf **www.hansebooks.com**

Orion

o d e r

der Fürst und sein Hofnarr.

Ein

Hofgemälde in vier Aufzügen

für das

k. k. priv. Schikanederische Theater

frey bearbeitet

von

Joachim Perinet,

Mitglied dieser Gesellschaft.

Wien, 1798.

lstolph, Fürst zu Aglaja.

Graf Elim, Kammerjunker.

Gräfinn Heloise, seine Nichte.

Graf Erlis.

Gräfinn Kamilla, seine Schwester.

Orion.

von Golden, (Räthe.

von Wolke, (

Bartelli, der Bandit.

Lesotti, Astolphs Leibarzt.

Ein armes Weib.

Ein Knabe.

Ein alter Krieger.

Guntram, ein alter Bauer, nebst seinen
       Kindern.

illmann, gefangen.

Ein Bothe.

ofherren und Damen.

Gefolge. Wache. Bauern.

Eine männliche Erscheinung.

Wiens

großmüthigem Publikum

in

aller Ehrfurcht

gewidmet

von

Noch immer erinnere ich mich mit
dankbaren Freudenthränen an den für
mich so bedeutenden, erwartungsvol:
len Abend, wo ich zum ersten Mahl,
nach einer ziemlich langen, für mich so
kränkenden Pause, ein neues Theater
als Dichter und Schauspieler betrat.
So sehr ich durch eine Reihe von Jah:
ren in beyden Fächern von Ihrer nach:
sichtsvollen Gnade überzeugt war, so
klopfte mir doch bänglich, mein, vor
manchen Stürmen, geängstigtes Herz
Als Orion schwamm ich an das jensei:
tige Ufer, und siedelte mich, so zu sa:

gewißheit, ob mir das Schicksal gün=
stig seyn wird, oder nicht? trat ich
vor das furchtbarste Gericht, vor Wiens
einsichtsvolles , gerechtes Publikum.
Wohl vertraute ich auf die Ägide der
Freundschaft und des Edelsinnes, aber
ein so allgemeiner, lauter, ausseror=
dentlicher, viermahliger Beyfallszu=
ruf übertraf meine Erwartung. Nicht
mehr aus Angst, aus Freuden zitter=
te ich, und wahre Thränen flossen aus
dem ungeschminkten Herzen über die
geschminkte Wange. Dieß war mehr
als unerwarteter Trost, es war nie zu
verdienende Gnade. Nicht nur am er=

sten Tage, bey jeder so oftmahligen Aufführung gaben Sie mir neue Beweise Ihres Wohlwollens, daß ich am Ende des Stückes, durch immer gleichen Beyfall hervorgerufen, in Verlegenheit gerieth, Ihnen mit neuen Worten zu danken, da mein Herz stets gleiche Gefühle des innigsten Dankes trug.

Was kann ich wohl für diese gütige Aufnahme und für die Fortdauer so gnädiger Gesinnungen als ein geringes Äquivalent entgegenthun, als Ihnen öffentlich dafür zu danken, und einem edeln Publikum als Beweis der

Dankbarkeit das Stück zu widmen, in dem es mich so auszeichnend aufnahm. Nie wird mein Fleiß sich vermindern, so wenig als das Gefühl des Dankes erlöschen in dem Herzen

Ihres

Verehrungswürdigste!

Perinet.

Erster Aufzug.

Walbigte Gebirggegend, mit einer praktikabeln Bauern=
hütte, die so gestellt seyn muß, daß bey ihrer Eröff=
nung das Publikum das Inwendige derselben sehen
kann. Man hört Jagdmusik. Sonnenaufgang.

Erster Auftritt.

Fürst Astolph, Graf Elim, Graf Erlis,
Wolke, Golden, Jagdgefolge.

Astolph. (steht in den Aufgang der Sonne ganz
versunken) Wie prächtig sie dort heraufsteigt die
majestätische Sonne!

Elim. Wie ein Fürst im Purpur.

Erlis. Glänzend wie ein Gallatag.

Golden. Und menschenfreundlich, wie wohl=
thätige Wahrheit.

Astolph. Die Jagd ist eingestellt, heute soll
kein Blut fliessen. Nach einen langen Winter
senkt sich der junge Lenz auf die erwachende
Welt. Das süsse Schwirren der Insekten, das
Jauchzen der Sänger im Walde, alles ist nur
eine Stimme, den Schöpfer zu loben. — Heu=
te darf kein Blut, heute sollen Thränen der

Rückerinnerung fliessen. All die schönen glücklichen Szenen meiner harmlosen Jugend fliegen an meiner Seele vorüber. O Stella! Orion!

Elim. (zu Erlis) Er singt ein Trauerlied für seine gemordete Braut.

Erlis. Laſſen Ihro Durchlaucht dieſe traurige Rückerinnerung, der Morgen iſt ſo ſchön.

Aſtolph. (gegen Himmel) Gieb mir Kraft und Stärke meinen Kummer zu beſiegen, damit ich empfänglicher für deine Güte, und den Segen der Gegenwart werde.

Elim. Der Fürſt weint! (zieht ſein Saktuch.)

Wolke. Doppelt glücklich das Land, das einen Fürſten hat, der weinen kann.

Elim. Der Hofnarr von Ormo, den wir Euer Durchlaucht verſchrieben, wird bald eintreffen, und ſo werden ſich bald Unmuth und böſe Laune zertheilen.

Aſtolph. Glaubt ihr, daß ein Narr mich heilen kann, ſo gäb ich euch mein halbes Fürſtenthum für ſeine Kappe.

Erlis. (ſich krümend) O um dieſen Preis würd ich ein Erznarr aus Patriotismus.

(Man hört von fern den Ton einer Laute. Unter dem Ritornell kommt

Zweyter Auftritt.

Orion über das Gebürg. Seine Kleidung ist ganz
grün vom Kopf bis zum Fuße. Strümpfe und Schu-
he von eben dieser Farbe. Ein grüner Mantel deckt
seine Schultern, und an seiner gleichförmigen Kappe,
hängen 2 Schellen, auf der Brust hängt eine kleine
Laute, auf der er spielt, und dazu singt.

Gesang.

Erzeugt hat mich des Wassers Strand,
   Wo mich der Sturm vertrieben,
Ich siedle mich an dieses Land,
   Wenn mich die Menschen lieben.
Der Sturmwind trieb mich her und hin,
   Mein Herz hat manche Narbe —
Doch kleid ich fröhlich mich ganz Grün,
   Es ist der Hoffnung Farbe.

Mit Brettern ist die Welt ja nicht,
   Hoff ich zu Gott, verschlagen:]
Und thu ich hierorts meine Pflicht,
   Wird man mich auch ertragen.
Aufs erstemal kommts freylich an,
   Wie man sich präsentiret,
Und daß man sich bey Jedermann
   Gar schön rekommandiret.

Drum nahm ich meinen Narrenhut,
   Und meine kleine Laute.
Da ich voll Trost, und voll von Muth
   Auf Ihr Großmuth baute.

Getrost nahm ich den Wanderstab,
  Betrat die neuen Pfade:
Mein Glück hängt nur von Ihnen ab,
  Von Nachsicht und von Gnade.

Elim. Er ist es!

Erlis. Dem Himmel sey Dank, der Narr!
Da giebt es was zu lachen.

Astolph. Wer bist du?

Orion. Fragt lieber, wer warst du? — Ich
bin der Narr aus eurer Nachbarschaft, man
hat mich verschrieben. Dort hatt' ich Freunde
und Feinde. — Es kommt darauf an, wie ich
euch hier gefalle, an meinem Fleisse soll's nicht
fehlen.

Astolph. Wir wollen sehen, aber diese son=
derbare Kleidung?

Orion. Meine Kleidung ist charaktermässig —
Ey! Ey! Fürst! Du beurtheilst also die Men=
schen nach der Aussenseite, wie so manches An=
dere?

Elim. Impertinent!

Golden. Der Narr gefällt mir.

Wolke. Die Stimme ist mir bekannt.

Astolph. Wie heißt du?

Orion. Wie mein Vater. Ich bin jetzt ein
Fremdling in deinem Lande, ob es gleich eine
Zeit gab, wo du mich recht gut kanntest.

Elim (zu Orion) Ey! Du zum Fürsten zu sagen, Narr!

Orion. Narr, sagt es doch der Fürst zu Gott.

Astolph. Sprich, wie du willst.

Orion. Wie mir der Schnabel gewachsen ist. Man sagte, du brauchtest einen Narren, hast du — (überall umsehend) Hast du denn Mangel daran?

Erlis. Ein massiver Narr!

Astolph. Ich hätte dich einmal gekannt? sagst du? Noch einmal, wer bist du?

Orion. Dein Narr und dein Freund, wie du willst. Du sollst nicht schlecht mit mir fahren. Mein Kopf ist wenig, aber sieh, mein Herz ist gut. Schwach bin ich, denn ich bin ein Mensch, aber boshaft bin ich nicht, denn ich bin kein Teufel.

Astolph. Warum verliessest du dein Land?

Orion. Ja, das ist eine kuriose Geschichte. Sie hat so viel Zusätze erhalten, daß ich nicht weiß, soll ich lachen, oder mich ärgern. Ich saß am Gestade; eine Rosenhecke links, ein Lilienbeete rechts, denn da lag der fürstliche Garten. In süsser Betäubung spielten die Wellen bereits an meiner Ferse, und ich lachte dazu. Ich schlief ein, — ich träumte so süß; aber fürchterlich war mein Erwachen. — Als ich

schlief, kam der Orkan, und schleuderte mich
ins Meer, wo ein Wallfisch mich zu fressen
drohte. — Mitten in den Wellen sah ich noch
mit Thränen an das entfernte verlassene Ufer.
Eine einzige Rose am Busen·, war das über-
bleibsel meiner verlassenen Freuden, und neue
Hoffnung zum Leben stieg in mir auf. — Eine
neue Welle warf mich an das jenseitige Ufer —
ich wähnte mich glücklich, und ward elender
als je.

Astolph. Du setzest mich in Erstaunen. —
Ich bedaure dich.

Orion. Das sollst du nicht, denn ich bin ja
jetzt bey dir. — Höre! — die Rose, die ich
am Busen trug, war mein Verderben. Man
sah mich schwimmen: gleich hieß es, man hätte
mich der vergifteten Zauberrose wegen ins
Wasser geworfen, die andern sagten, ich wäre
als Selbstmörder hineingesprungen. Einer
sprach, er hat die Blumenflur im fürstlichen
Garten vergiftet, der zweyte, ich hätte das
Haus im Brand gestecket, weil sie Rauch im
Schornsteine sahen, der dritte sprach, ich hätte die Pest, und der vierte gab mich für wahnsinnig aus. — Da saß ich nun, und wartete
die Zeit ab, da sah man denn, daß die Rose
nicht vergiftet sey, daß die Blumenflur wieder

blühe, daß das Pallais stünde, und daß ich weder die Pest hätte, noch wahnsinnig wäre. — Eure Abgesandten kamen, — und Fürst — da hast du mich nun. Du bist ein edler Mann, aber der, von dem der Sturm mich trennte, war auch edel. Noch immer ist mir sein An= denken heilig, und nie wird gegen ihn mei= ne Dankbarkeit erlöschen.

Astolph. Noch einmal, wer bist du?

Orion. (verweilt mit einem sprechenden Blick auf den Höflingen)

Astolph. (winkt ihnen, sich zu entfernen. Golden und Wolken drückt er die Hand)

Elim, Aber Euer Durchlaucht Sicherheit —

Orion. Geht, ich habe nichts als Gegengift bey mir, ihm euer Gift aus dem Leibe zu treiben.

Erlis. (zu Elim) Der Narr hat uns zum Narren.

Elim. Da hat mich mein Korrespondent schon wieder betrogen.

Wolke. (zu Golden) Er wird vielleicht Astolphs Schutzgeist werden.

Golden. Gott gebe es. (Alle ab)

Dritter Auftritt.
Orion, Astolph.

Astolph. Jetzt rede, wer bist du eigentlich?

Orion (sich die Haare abreissend) Kennst du mich nun?

Astolph. Guter Gott! Ists möglich? Orion?

Orion. Derselbe.

Astolph. Mein Orion!)
Orion. Mein Astolph!) Umarmung)

Astolph. Ich habe ihn wieder, den Freund, den Gespielen meiner Jugend, den Zögliug meines braven Askali. Sey mir tausendmal willkommen.

Orion. Bist du noch derselbe Astolph, der du einst warst?

Astolph. Ich bin es.

Orion. So sey auch du mir willkommen.

Astolph. (auf seine Kleidung) Aber Orion —

Orion. Laß dich das nicht irre machen — Ich hörte, daß deine sauberen Herrn den Hofnarren aus Ormo verschrieben, der ein ausgemachter Gauner ist. Flugs paßt ich den Narren auf, ließ ihn durch meine Leute aufheben, warf mich in seine Maske, und täuschte so deine Schranzen, die ihn nicht persönlich kennen.

Astolph. O daß du mich so lange vergessen konntest.

Orion. Ich vergaß dich nie. Ich war stäts um dich, ohne daß du, noch deine Sicherheitsanstalten mich witterten.

Aſtolph. Aber jetzt bleibſt du bey mir?

Orion. Damit eilt es nicht, aber dort Aſtolph (auf die Hütte) dort eilt es. Dorthin folge mir, da giebt es wahre Thränen, nicht Thränen der Höflinge: Thränen verzweiflungsvollen Jam=mers, die du flieſſen machteſt.

Aſtolph. Ich?

Orion. Komm, und überzeuge dich. — Du kannſt denken, wie glücklich die Bewohner die=ſer Hütte ſind, ſie verbergen ſich vor ihrem Va=ter. Komm!

Aſtolph. Wohin führſt du mich? Ein Mo=dergeruch dampft mir entgegen.

Orion. Der Fürſt, der Vater ſeines Volkes ſeyn will, muß auch ſein Ange auf das Elend ſeiner Kinder richten (Er ſchlägt an die Thüre, ſie ſpringt auf. Man ſieht ein Bild der größten Dürf=tigkeit, auf einem ärmlichen Lager liegt eine blaſſe weibliche Geſtalt, in einem ſchauerlichen Halbdunkel. Ein kleiner Knabe kniet an ihrer Seite. Sie verhüllt ſich bey dem Anblicke der Fremden, und der Knabe verkriecht ſich.)

Aſtolph. Was ſoll ich hier?

Orion. Und du kannſt noch fragen. (führt ihn näher.)

Knabe. (erkennt Orion, und lauft freudig auf ihn zu) Mutter! Mutter! unſer Schutzvater.

Das Weib. (streckt die Hand nach Orion aus, und sagt gebrochen) Mein unbekannter Wohl= thäter!

Knabe. Guter Mann! Heut hätt' ich dich bald nicht gekannt? — Du bist schön, recht schön — Bringst du uns was zu essen?

Orion. Dießmal nicht.

Knabe. Und wir sind so hungerig, und die Mutter ist so krank! — Du, wer ist der frem= de Herr dort?

Astolph. (küßt den Knaben) Dein Vater!

Knabe. Ach das ist nicht wahr; der Vater ist todt.

Orion. Astolph! Diese Wittwe hatte einen einzigen erwachsenen Sohn, der ihr Feld be= stellte, sie ist vier Jahre krank, diese Lumpen und der Kleine sind ihr ganzer Reichthum. Dei= ne Leute raubten ihr diese letzte Stütze. Ge= waltsam riß man ihn ihr von ihrer Seite, und sie muß verhungern.

Astolph. Bey Gott! Das war mein Wille nicht.

Orion. Guter Astolph! es mag manches nicht dein Wille seyn, und doch geschieht es. Es ist vieles nicht so, wie es seyn sollte, es ist vieles ganz anders, als du glaubst. — Kön= nen deine Unternehmungen mit Segen gedey=

ßen, wenn Thränen sie begleiten? Komm Klei=
ner, der Mann hier kann dir deinen Bruder
wieder geben, umfasse seine Kniee.

Knabe. (umklammert Astolphs Kniee)

Die Frau. (richtet sich, horchend auf)

Knabe. Gieb mir meinen Bruder Fritz wie=
der, reicher Herr! (zur Mutter eilend) Mutter!
Mutter! der Bruder Fritz kommt wieder. (um=
schlingt neuerdings Astolphs Kniee)

Astolph. Sey ruhig, du sollst ihn wieder
haben, (gerührt) ich will für euch, und ihn
sorgen. (Er giebt dem Knaben eine Börse)

Knabe. (eilt mit der Börse zur Mutter) Mut=
ter! Mutter! hier ist Geld, lauter gelbe Pfen=
ninge!

Astolph. Gott!

Orion. Das ist nur der Anfang. Willst du
noch mehr sehen?

Astolph. Nein, jetzt nicht. Mein Herz fließt
über. Fort! fort! O du mein erster Freund
und Gewissensarzt. Du hast mir einen Mor=
gen geschenkt, der mir alle üppigen Vergnü=
gungen glänzender Zirkel ersetzt.

Die Frau. (hat indeß die Börse eröffnet, ihr Au=
ge blickt dankend gegen Gott, matt hebt sie sich, und
sagt zum Knaben) Bethe für deinen Wohlthäter,
für unsern Vater des Landes.

Knabe. (kniet mit erhobenen Händen neben der Mutter Lager nieder)

Die Frau. (streckt segnend die Hände nach Astolph und Orion aus) Gott segne Ihn!

Orion. (wirft die Thüre zu) Astolph! Wenn so einst Millionen für dich bethen, dann bist du Millionenmal selig! (beyde ab)

Verwandlung.

Kabinet im fürstlichen Pallaste.

Vierter Auftritt.
Elim. Erlis.

Elim. Der verdammte Grünling wird uns noch Arbeit machen.

Erlis. Aber wie ihnen auch der tolle Einfall kam, den Narren zu verschreiben.

Elim. Man hat ihn mir so spassig und dumm als möglich geschildert, und nun ist der Kerl weit klüger, als wir denken. Mir klopft es gewaltig unter dem linken Knopfloche; ich sah, wie ihm der Fürst um den Hals fiel.

Erlis. Er ist Enthusiast.

Elim. Wenn es nur kein Bothe aus Lavinien ist — Doch, Sie sind noch nicht genug in unsern Geheimnissen bewandert, und Sie verdienen es. Sie haben so viele feine, die Welt sagt, lose Streiche begangen, daß Sie an meiner Stelle Kammerjunker zu seyn verdienten.

Erlis. (sich verbeugend) O! —

Elim. Sie kann ich brauchen, wie ihre Schwester. Meine Nichte ist in den Plan verwickelt, und der Fürst muß seine Stella vergessen, oder ich vergesse mich selbst.

Erlis. Ich habe so viel von dieser Stella gehört, daß ich erstaune.

Elim. Ein Höfling muß über nichts erstaunen. — Ihre Hand!

Erlis. Und meine Zunge. (reicht ihm die Hand)

Elim. Der vorige Fürst Alboin war ein alter Löwe, den aber seine Tante mit Opium einschläferte. An Aglaja gränzte das Fürstenthum des Hugo von Parra, der ohne Nachfolger war. Das stach ihr in die Augen, und sie wußte es so einzufädeln, daß er und seine Nachkommen ihr einst das Eigenthum dieses schönen Landes verdanken, und ihr Name noch spät in den Jahrbüchern glänzen möchte.

Erlis. Sie war ein grosses Weib!

Elim. Sie war ein Wallfisch, der alles verschlang. Hugo liebte Alboin zu sehr, um nicht seine Enkelinn, die Prinzessinn Stella durch eine Vermählung mit Prinz Astolph glücklich zu

machen, und so seinen kleinen Statt mit Aglaja zu vereinigen. Er legte seine Regentschaft in
Alboins Hände nieder, und starb bald darauf.
Astolph und Stella gewöhnten sich bald an ein-
ander, da die alte Fürstinn Stella auf ihr Lustschloß nahm. Jedoch die Sache nahm eine andere Wendung. Ihr war es nie Ernst, ihr
Ehrgeiz sah weiter, Alboin war schwach, und
ich ihr Vertrauter.'

Erlis. Da mußt er wohl betrogen werden.

Elim. Viel Ehre! Kurz, Astolph ward auf
Reisen geschickt, von Stella getrennt, und der
Obsorge seines Lehrers Askali anvertrauet. —
Das Wiedersehen blieb aus. Dort fand Astolph
einen gewissen Orion, der mit Stella zugleich
in sein Herz wuchs. Das Loos der Prinzessinn
war geworfen. Sie zehrte kränkelnd ab, welkte,
und hörte auf zu seyn. Als sie noch wie eine
Rose am Stabe wankte, ward sie aufs Land
gebracht, und dort sagt man, fielen ihre Blät-
ter ab.

Erlis. Ihr Tod kam a tempo.

Elim. Als wär er so komponirt gewesen.
Max munkelte über zu rasche Beerdigung: Wer
vorlaut wurde, den schlug man aufs Maul.
Der Rath Friedhels ist durch uns im Kerker
geliefert worden.

Erlis. Und was that Astolph?

Elim. Er raste, als er es erfuhr, und noch jetzt, obschon die alte Fürstinn schon lange todt ist, und Astolph nach Alboins Tod zur Regierung kam, ist sein Schmerz unendlich. Er ließ ihr ein Grabmal bauen, daß er täglich wie ein Pilger besucht, und — doch seit ihn Heloise umgarnt, scheinen seine Besuche dort seltner zu werden.

Erlis. Ihre Nichte?

Elim. Der Fürst hat sie, ihrer Ähnlichkeit mit Stella wegen, liebgewonnen. Sie regiert ihn ganz: sie kann heucheln, denn sie ist aus meiner Schule.

Erlis. Und da giebt es lauter Genies.

Elim. Sie sollen das erste Prämium haben —

Erlis. Und von seinem Freunde Orion hört man jetzt nichts mehr?

Elim. Sobald Astoloh zur Regierung kam, entfloh er, und ließ sich nicht mehr blicken. Doch es wird vorlaut. Lassen Sie uns zum Frühstück gehen. Ein guter Morgengedanke ist Goldwerth. Morgenstunde trägt Gold im Munde.

Erlis. Und Gift im Herzen.

Elim. Sie belieben zu scherzen. (Beyde lachend ab.)

Fünfter Auftritt.

Orion mit Astolph.

Astolph. Nun Orion, du wirst doch nicht in dieser Jacke bleiben?

Orion. Das versteht sich.

Astolph. Zeige dich, meinem Hofe, in der Gestalt meines Freundes.

Orion. Bst! Ein Fürst darf keinen Freund öffentlich haben, sonst hat er zu viel heimliche Feinde. Ich will mir meinen eigenen Platz bestimmen.

Astolph. Wähle, und meine fürstliche Ehre ist dir Bürge.

Orion. Jetzt geh voran, sie möchten sonst zu viel wider uns reden, und das gebrandte Kind fürchtet das Feuer. (Byde ab)

Verwandlung.

Saal.

Elegantes Dejeuner.

Sechster Auftritt.

Wolke, Golden, Elim, Erlis, Kamilla, mehrere Hofleute.

Kamilla. (zu Erlis) Also ihr habt das Wunderthier gesehen? Ist er hübsch?

Erlis.

Erlis. Zum schrecken.

Elim. Ein Gemengsel von allem — kurz ein Narr.

Kamille. Ist es wohl der Mühe werth, daß eine meiner Zofen den Angelhaken nach ihm auswirft?

Elim. Gebt acht, daß er euch nicht kapert. Er scheint pfiffig zu seyn, und am Ende haben wir uns alle an ihm geirrt. — Er ist wahr=lich mehr, als er scheint. Ich sah ihn Arm in Arm mit dem Fürsten wandeln.

Erlis. Wir schlagen ihm ein Bein unter, und er glitscht sicher auf dem schlüpfrigen Boden.

Kamilla. Da hat euch eure Politik wieder einmal einen feinen Streich gespielt. (spöttisch)

Wolke. (zu Golden) Die Schlangen halten ihren Zirkel, und die bunte ist die gefährlichste.

Golden. (der Heloisen eintreten sieht) Eine wit=tert die andere.

Siebenter Auftritt.

Astolph mit Heloisen im Arm, die in reizendem Negligee ist. (Alles steht auf.)

Astolph. Bleiben Sie. Ich ließ sie ersuchen, nicht zu warten.

Heloise. Sie bringen uns also einen Spaß=macher mit? (sich an ihn schmiegend)

B

Astolph. Einen Freund. Ich hab ihm erlaubt, den Platz seiner künftigen Bestimmung selbst zu wählen.

Heloise. Nur nicht den Platz in ihrem Herzen.

Astolph. Wo Platz für Liebe ist, ist auch Raum für Freundschaft.

Elim. (zu Erlis) Meine Nichte wirkt Wunder.

Achter Auftritt.

Orion tritt ein, die Vorigen.

Astolph. (Orion entgegen) Das ist Er.

Heloise. (gezwungen) Das ist ihr Freund?

Orion. Der bin ich.

Elim. (zu Erlis) Betrachten sie den spöttischen Zug um die Nase. Es wird sich bald zeigen, weß Geistes Kind er ist.

Erlis. Ein wahrer Satyr.

Kamilla. Er hat eine hohe Schulter.

Erlis. Er ist schlecht gewachsen.

Heloise. (zu Kamilla) Ein rechter Faun (laut) Gar nicht übel.

Orion. (übersieht sie alle, und schlägt mit dem Sacktuche um sich) I! da giebt es Hummeln, gieb acht, daß sie dich nicht stechen. —

Astolph. Spaßmacher!

Alle (lachen)

Orion. Lacht nur, lacht, das Weinen wird noch zeitig genug an euch kommen, — Sieh, Astolph! ich habe mir einen Platz gewählt. Ich will dein Narr bleiben. Ein Narr, an dem jeder Narr mit und ohne Kolben seinen Witz üben kann. Nicht wahr meine Herren? Es laufen so manche meines Gleichen herum, ohne sich so zu nennen.

Golden. (zu Wolke) Es ist der Mann, den wir suchen! —

Astolph. Du wirst doch nicht im Ernste? —

Orion. Ich will im Ernste ein Narr seyn. Bey jeder Expedition sind die Stellen bis zum Adjunkten des Schreibers besetzt, und einer paßt auf des andern Tod, wie die Katz auf die Maus. Um die Narrenstelle sammelt man keine Stimmen.

Heloise. Er hat meine Gnade.

Kamille. Aus dem läßt sich noch was ziehen.

Astolph. Was willst du aber mit der Maskerade?

Orion. Dir Wahrheit sagen.

Astolph. Die nehm ich in jeder Gestalt an.

Orion. Glaubs nicht. Die Stunden sind nicht gleich, sonst wäre der arme Friedhels nicht im Kerker verschmachtet.

Elim. Verdammt!

Astolph. (zornig) Was war das?

Orion. Astolph! dein Auge rollt wild. Sieh, was andere Leute sich denken, darf der Schalks= narr sagen — und zum Glück hab ich das als Narr gesagt. (setzt die Kappe auf) Jetzt bin ich in meiner Sphäre, wie der Fisch im Wasser. Soll ich euch wahr sagen? (zu den Damen) Ich mache meiner Kappe mehr Ehre, als mancher von euch der seinigen.

Elim. Wo hab' ich denn meine fünf Sinne gehabt, den Satan ins Land zu bringen?

Erlis. Wir waren verhext.

Astolph. (leise) Leg die Kappe ab. Unmög= lich kann ich dich zum Narren herabgewürdigt sehen.

Orion. Du bist Fürst, und ich habe dein Wort.

Astolph. Es sey! (laut) Man muß dem Nar= ren seinen Willen lassen.

Orion. (herumhüpfend) Nun, da giebts ja Stoff genug zu mahlerischen Gruppen! (er drückt im Vorbeyhüpfen Wolke und Golden die Hand, und sagt leise) Orion!

Wolke. Gott sey Dank!

Golden. Willkommen!

Elim. Der Teufel soll ihn hohlen.

Orion. Astolph! du mußt nicht glauben, ich sey vom Himmel gefallen; ich bin schon zwey Jahre um dich. Ich wohne nahe am Cypressen= wäldchen, und doch hat mich deine Oberauf= sicht unter der Larve des Einsiedlers nicht er= spähet. Stellas Grab war mein liebster Auf= enthalt — (Selim winkt ihm) Halts Maul! — Fürst! Du bist ein Liebhaber vom Bauen — ich hab auch gebaut, und noch dazu nahe am Wäldchen. (zu Elim) Herr Architekt, sie ver= geben.

Elim. Das ist nicht möglich, —

Heloise. O das muß ich sehen.

Kamilla. Ein Tausendkünstler also?

Orion. Ihr lieſſet Komödienhäuſer, Baad= ſtuben, Hetzamphitheater, und engliſche Gär= ten bauen, ich baute was Reelleres. Wollen Sie mich begleiten? — Ich bin fertig. Es ſteht neben der Kapelle, darum haben es die Herren nicht geſehen.

Erlis. Es ist doch kein Narrenhaus?

Orion. Wer deinen Plan dazu ſah, muß den ſeinigen aufgeben.

Heloise. Es ist doch kein Tempel?

Orion. Weder Amor noch Venus geweyht.

Kamilla. Am Ende ists wohl gar ein niedliches Baadhaus?

Orion. Ja, um Hofmohren weiß zu waschen.

Elim. O ich weiß, weil es in meinem Revier liegt, so haben sie mich mit einem Sommerpalais regalirt?

Orion. Ah Pa! ich baue keine Festungen.

Elim. (zornig) Ha!

Orion. Laß gut seyn, man muß die Narren nicht foppen, sonst werden sie grob. — Nun kommt, aber die Gesellschaft der Damen muß ich mir verbitten.

Heloise. (
Kamilla. (Sehr unhöflich!

Orion. Sehr unhöflich! (zu Heloise) Für Sie Gräfin, wär es zu herzerschütternd, denn wir müssen Stellas Grab passiren. — (zu Kamilla) Und für Sie Gräfin giebt es zu viel unschickliche Gemählde und Statuen, die ein so schönes und reines Auge beleidigen würden. — Also auf Wiedersehen! Unterhalten Sie sich indessen von mir, reden Sie über mich, ich habe Ihnen Stoff genug dazu gegeben — Ich bin es gewohnt, und was man hinter meinem Rücken spricht, das acht ich nicht.

Astolph. Wir sind gleich wieder hier.

Orion. Wenn Sie an meiner Seele nichts finden, so zerstückeln sie mein Kleid. Die Ver-

läumdung ist wie die Kinderblattern, es bleibt
nicht bey einer, sie verbreiten sich über den ganzen Körper. Ich habs erfahren — vergebt
dem Narren! (er trillert sich ein Liedchen, und geht
ab.)

Neunter Auftritt.

Heloise, Kamilla.

Heloise Nun Kamilla! was sagen sie zu dem
Narren?

Kamilla. Weiß ich es? — Aber ich will
gewiß alle Mittel anwenden, ihn zahm zu
machen.

Heloise. Fangen Sie ihn. Ihre Reize haben
Weise geblendet, warum nicht auch einen
Narren?

Kamilla. Sie fiengen den Fürsten, den Narren will ich kappern. Wie eine Milbe soll er
sich in wirbelnden Kreisen um das Feuer meiner Augen drehen, und sich die Flügel verbrennen. O Gräfin! Sie wissen ja, wie schwach
die Männer sind — selbst Astolph gieng in ihre Falle.

Heloise. Wozu gab uns Natur die Art zu
gefallen? Ich affektirte Natur, und gewann ihn
durch Kunst. Meine kleine Ähnlichkeit mit Stella vollendete den Triumph. Mit dem feurigsten

Herzen ward ich ein Opfer der Politik — das glänzende Ziel — die Rosenpfade — o selbst ein Engel wäre gefallen.

Ramilla. Das nenn ich steigen, und nicht fallen — Ha unser Leibarzt Resotti.

Zehnter Auftritt.

Resotti tritt ein. Die Vorigen.

Ramilla. Eben recht Resotti, fühlen Sie uns den Puls, er geht alterirt, aus Galle, Schreck, und — was weiß ich.

Resotti. Ich will doch nicht hoffen, daß der Narr —?

Heloise. Sie wissen also auch davon? Wird mir der Ärger nicht schaden?

Resotti. Sie sollten in ihrem Stande immer ein Präservativ haben. Gräfin! Der Schreck ist mir selbst in alle Glieder gefahren. Nehmen sie nur, wenn der Narr den Fürsten kurirt, zu was braucht er mich?

Heloise. Spaß bey Seite. Wir müssen su=chen, ihn von dem gefährlichen Manne zu trennen.

Resotti. Wer hätte das gedacht! — Doch — Eine kleine Luftveränderung — ich ziehe mit ihnen Gräfin! der Fürst und der Narr bleibt hier.

Kamilla. Das Rezept ist gut.

Resotti. Der Fürst ist zerstreut, übellaunicht, zum Hypochonder gestimmt — die Bäder zu Jorim werden verordnet, und —

Heloise. Wenn ihn der Narr begleiten will —

Resotti. O der ist bald krank gemacht.

Kamilla. Unterstehen Sie sich.

Heloise. Kommen Sie, Resotti, Arzt unsers Leibes und unserer Herzen.

Kamilla. Lassen Sie uns einen Plan aus= denken, und gelingt er, so sollen Sie auch noch in der Ewigkeit mein Doktor seyn.

Resotti. Ich gehorche, und würde es mir zur Ehre schätzen Sie hier und dort zu bedie= nen mit meiner Kunst. (Alle drey ab.)

Verwandlung.

Dunkles Lustwälbchen in ganzer Tiefe. Ein Rasen= platz und in der Mitte ein niedliches Gebäude.

Eilfter Auftritt.

Astolph, Elim, Erlis, Orion, Wolke, Gol= den, Hofherrn, alles steht verwundernd.

Astolph. Ist es das?

Elim. Original!

Orion. Es ist nicht wahr: es ist Kopie.

Erlis. Schade, daß dieß Meisterstück hier im Gebüsche verborgen steht.

Orion. Das ist recht, so kann nicht jeder Maulaffe darüber raisoniren. Tritt näher. Astolph! (er stampft mit dem Fusse)

(An dem Frontispiz des Gebäudes erscheinen die Worte)

Staatsgebäude von Aglaja!

Alle. (prallen zurück.)

Astolph. Was soll das ?

Ellm. Welche Vermessenheit ?

Golden. Ich zittre für ihn.

Orion. Mäßige dein Erstaunen. Laß sehen, ob dieß Machwerk die Bewunderung verdient, oder ob dieß alles nur Flitter ist. (er lehnt sich gegen den Pfeiler, faßt es, nachdem er in die Hände klatschte, bey den Säulen, und das ganze Gebäude stürzt zusammen.)

Alle. (staunen.)

Orion. Ein schönes Gebäude! Eine kleine Bewegung, und da liegt es. Wie gefällt euch das ?

(Allgemeine Stille.)

Astolph. Ich will allein seyn.

Elim Pest und Verderben.

Erlis. Satans Abgesandter !

Golden.
Wollen. } (Gottes Segen über ihn ! (alle ab)

Zwölfter Auftritt.

Astolph und Orion.

Pause.

Astolph. Hab ich dich verstanden?

Orion. Ich hoff und wünsch es.

Astolph. Warum erst dieß Possenspiel?

Orion. Traurig genug, daß ich zur Gaukeley meine Zuflucht nehmen mußte. Wie oft gab ich dir Winke, aber du sahest sie nicht. Sie hatten dich umzingelt — ich wollte dich rasch aus dem Labyrinthe führen. Vergieb dem Narren.

Astolph. Orion! ist es nicht mein größtes Bestreben, mich mit dem Glücke meines Volkes zu beschäftigen?

Orion. Astolph! Laß mich jetzt den Narren ganz bey Seite setzen, und als Freund mit dir sprechen. Es ist wahr, du hast viel Gutes gethan, aber in Betracht dessen, was dir zu thun noch übrig bleibt, hast du wahrlich noch sehr wenig gethan. Denk dir das göttliche Gefühl nach einer guten That. — Da ist der Mensch Gottes Ebenbild, da ist er Gott selbst! Astolph! die Gegenwart entscheidet nichts, aber die Nachwelt ist unpartheyisch, sie richtet über dich und deine Handlungen. Alle Schmeicheleyen deiner Günstlinge vermögen nicht, das rich=

tende Auge der Nachwelt zu blenden. O du
bist so edel und gut, ich lese den Wunsch in
deinem Herzen, deinen Namen mit Ehrfurcht
und Thränen von der Nachwelt genennt zu wis=
sen, wenn auch schon dein Staub, mit dem
seiner Väter sich mischt.

Astolph. (schwärmend) O es ist süß, auch dann
noch in den Herzen guter Menschen fortzu=
dauern.

Orion. Wohl dir, daß du das fühlst, denn die
Tugend allein baut höher, als Ägyptische Py=
ramiden.

Astolph. Bleib mein Freund! Sollt ich einst
meinen Schwur vergessen, so führe mich hie=
her. Im Gewühle des Hofes sey immer mein
Narr, oder was du willst, hier sollst du mein
Herzensfreund, mein Bruder seyn.

Orion. (legt die Kappe ab) So leg ich die
Kappe weg, und du den Fürstenhut. So um=
armen wir uns als Brüder zum Besten des
Landes! Gott sieht auf uns, und segnet den
Bund.

(Innige Umarmung. In dieser Gruppe fällt die
Cortine, und sie bleiben in dieser Stellung umschlun=
gen.)

Ende des ersten Aufzuges.

Zweyter Aufzug.

Zimmer in Elims Palais.

Erster Auftritt.

Elim, Erlis, Heloise, Kamille.

Elim. Es ist Himmelschreyend, was sich für Dinge ereignen. Der Narr, Golden und Wolke sind seine Vertrauten, auf uns sieht man kaum. Ihr Einfluß, Nichte! stockt. Ich hätte mir mehr von ihren Reizen versprochen. (zu Heloisen.)

Heloise. Und ich mir mehr von ihrem Kopfe. Einen Narren zu verschreiben, der den Fürsten uns geneigt machen soll, und der sie so übersieht, wie der Thurmwächter das niedrigste Thal.

Elim. Nichte!

Heloise. Oheim!

Kamilla. Noch ist nicht alles verloren. Des Liebling Astolphs liebt: wer liebt, ist schwach.

Alle. Er liebt? — Wen? —

Kamilla. Mich. — Erstaunt ihr? — Zweifelt nicht, er ist unser, denn er ist mein.

Alle. Wirklich?

Kamilla. Hört, und preiset mich glücklich.
Er selbst kam meinen Wünschen entgegen. Ein
Wink von euch, daß er mehr sey, als er schie-
ne, ließ mich den Narren vergessen. Er flattert
überall herum, aber mein forschendes Auge be-
merkte genau, daß sein Blick etwas suche, und
seinem Herzen etwas mangle. Sein Auge haf-
tete fest an mir, immer suchte er sich zu entfernen; seine Unterredung hatte dann nicht mehr
den schäckernden Ton, sein Druck der Hand
ward wärmer und herzlicher, er wollte, ohne
daß er es zu wollen schien.

Elim. Ihr habt die Liebe studiert.

Kamilla. Ich überraschte ihn im Garten,
wo er vor meiner Lieblingslaube stand. Er seufz-
te, ich stand hinter ihm, und schlug ihn sanft
auf die Schulter: er sah um, ward blaß, zit-
terte, und — lag in meinen Armen.

Elim. Nun endlich!

Erlis. Hand ans Werk!

Heloise. Machen Sie den Narren vernünftig,
und sie thun Wunder.

Zweyter Auftritt.

Orion. Vorige.

Orion. Ha! meine Herren und Damen,
mir willkommen, wenn auch ich es Ihnen

nicht bin. Prächtige Heloise! Schöne Kamilla! (hüpft zu ihnen) Wie steht es mit ihrem Herzen? (halbleise zu Kamilla)

Kamilla. (eben so) Und mit deinem?

Orion. Es ist noch in der Laube. (spricht mit ihr.)

Erlis. (Er geht ins Netz. (

Elim. (Er ist schon darinn. (leise.)

Heloise. (Triumph! (

Orion. (immer mit ihr tändelnd) Was giebs wohl neues?

Elim. Das wollten wir so eben fragen.

Orion. (hingeworfen) Sekretair Hillmann, der einst in Lavinien war, ihr allseitiger Freund, ist ein Dichter geworden.

Alle. (erstaunt) Sekretair Hillmann?

Orion. So sagt man: er hat auch Zeit zum dichten, denn er sitzt im Thurme.

Alle. Hillmann? (erschüttert)

Orion. Nun ja, Hillmann. Werden doch die Herren so blaß, als müßten sie mit ihm sitzen? — Ja, ich wehrte mich genug, aber Golden und Wolke setzten dem Fürsten so lange zu, bis er unterschrieb.

Kamilla. (zu sich) Ich bin verloren, wenn er bekennt.

Heloise. Alle unsere Plane vernichtet. (zu sich)

Elim. Wenn er von Lavinia plaudert, so ist mein Hals am längsten gestanden. (zu sich.)

Erlis. Ich falle aus den Wolken.

Orion. Ey was, um einen Sekretair mehr oder weniger, sie werden schon wieder einen Geheimschreiber finden. Unter andern, ja: der Fürst ist unpäßlich.

Heloise. Mein Gott!

Alle. (heuchelnd) Welch ein Unglück!

Orion. Er soll unpäßlich seyn, und da muß er aufs Land, und da soll ich mit ihm, und das will der Narr gern, aber die andern wollens nicht. Da haben nun ich und der Fürst die Sache umgekehrt, und ich soll und will für ihn krank werden, Luft verändern, und vielleicht gar nach Lavinia reisen.

Alle. Nach Lavinia?

Orion. (sie fixirend) Um mich dort an meinen Friedhels zu erinnern — weiter nichts.

Elim. Ha! Mir fällt ein Stein vom Herzen! (zu sich) Bleib bey uns Narr, der Fürst wird sich schon bessern, und er braucht einen Freund.

Orion. (lächelnd) Er hat ja euch.

Heloise. Er braucht jemand, der ihn ermuntert.

Orion. Dazu seyd ja ihr da, Gräfin!

Erlis. Er wird melancholisch werden.

Orion.

Orion. Macht ihr Verdruß, so hat er Ab=
wechslung.

Kamilla. (zärtlich) Und du könntest uns ver=
lassen, da wir kaum so glücklich waren; dich
zu kennen?

Orion. (sehr fein) Kennt ihr mich denn?

Elim. (zu Kamilla) Gräfinn, bringen sie den
Starrkopf auf andere Gedanken.

Heloise. Machen Sie das Unmögliche mög=
lich: machen Sie, daß er uns bleibe.

Orion. Haben Sie mich denn gar so lieb?

Alle. Herzlich!

Orion. Ey der Tausend!

Elim. Glaubst du, daß wir dich nicht wit=
tern? Du bist verkappt.

Erlis. Du bist kein Narr.

Orion. Aber du bist einer (indem er ihm die
Wange tätschelt) Nun, nun; sey nur gut. Wenn
ihr mich gut haltet, sollt ihr mich gut haben.
Ein schöner Blick kann mich fangen (auf Heloise
und Kamilla) Und damit ihr seht, daß ich der
Uriel nicht bin, für den ihr mich haltet, so
rath ich euch, nehmt euch vor Golden und
Wolke in Acht.

Elim. (Orion umarmend) O wenn du unser
Freund, unser Rathgeber seyn wolltest.

Orion. O! wenn ihr nur auch ehrlich seyn
möchtet!

Erlis. (ihn umarmend) Sey mein Vater!

Orion. Dann gäb ich dir die Ruthe.

Heloise. Narr! so nenn ich dich, weil du es seyn willst. Sey von unserer Parthey, und es soll dein Schaden nicht seyn. Du kennst meinen Einfluß auf den Fürsten.

Orion. Nicht ich allein, die ganze Stadt.

Elim. Laß keinen Pallast mehr zusammen- stürzen, sonst fallen die Trümmer auf dich.

Orion. Freylich wars ein Narrenstreich. Ihr deutet es auf euch, nnd das ganze war auf Golden und Wolke gemünzt. Das sind die Staatsmänner, ihr thut ja nichts zum besten desselben? — Hahaha! gaubt mir, ich bin der Narr in meinen Sack.

Elim. Du bist also unser?

Orion. Ich gehöre mir selbst zu.

Erlis. Wenigstens nicht wider uns?

Orion. Für die gute Sache.

Heloise. Was nennst du gut?

Orion. (Heloisens Hand küssend) Was wahr- haft schön ist.

Kamilla. (halb leise) Was nennst du schön?

Orion. Was mir gefällt.

Kamilla. Ich erwarte dich in der Laube. (schnell ab.)

Dritter Auftritt.

Vorige, ohne Ramilla.

Heloise. Wohin eilt die Gräfin?

Orion. Sie ist ein Weib, ich nannte euch schön, welche kann das von der andern hören? — Sie eifert.

Heloise. (fein) Wer eifert, muß auch lieben.

Erlis. Ey, ey, Narr! — du willst mich wohl gar zum Schwager haben?

Orion. Wenn ihr einen Narren mehr in eurer Familie haben wollt, Basta! — wo Tauben sind, fliegen Tauben zu.

Erlis. Glaubst du Maske, ich kenne dich nicht?

Orion. (spöttisch) O ich weiß, ihr seyd fein.

Heloise. Du bist von Geburt, das hört man.

Orion. Ja da habt ihr recht, denn meine Mutter ist an mir gestorben.

Elim. Aber bey Gott, du sollst dich demaskiren, und sollt ich dir, die Larve vom Gesicht reissen.

Orion. Untersteht euch, die Ballfreyheit so zu mißbrauchen. Aber ich will es euch vertrauen, obschon ihr nicht Polizeyobrigkeit seyd. (geheimnißvoll sie vorführend) Mein Vater war ehe als ich, und meine Mutter war mit ihm verheurathet — doch das hätte bey euch nichts zu sagen. — Jung kam ich auf die Welt: meine

Mutter gebahr mich mit Schmerzen. Arm war
mein Vater, denn er war ehrlich. — Tugend=
haft meine Mutter, denn sie war nicht schön.
Das Land, das mich erzeugte, hatte Länder,
Städte und Dörfer, Menschen und Leute, das
heißt: Ehrliche und Schurken, Dummköpfe
und Weise; mehr Weiber als Ehefrauen, mehr
Ledige als Jungfrauen, und mehr Arme als
Reiche.

Elim. Du bist ein Narr.

Orion; Nein, ihr seyd der Meinige. Aber
ihr habt recht, mein Schicksal wollte mich zum
Narren machen, aber ich trotzte ihm. Es mach=
te mich zum Ballon, und schlug mich oft hoch
in die Luft, endlich schnitt man ein Loch hin=
ein, und ich sank nieder. Das geschah am — Ho=
fe. Ein Riemer fand und nähte mich wieder,
um vielleicht neuerdings geschlagen zu werden.

Heloise. Du erzählst uns Räthsel — Sprich
natürlich.

Orion. Kurz ich kam wieder an den Hof.
Da war ein junger Löwe, edelmüthig und gut. —
Eine junge Löwin ward ihm geraubt, und sein
Gebrüll durchhallte den Wald. — Tyger hatten
sie ihm geraubt. Ich liebte den Löwen, und eil=
te nach. Der Fuchs verläumdete mich, der
Wolf zerriß meinen guten Namen, und der
Esel sagte, ich wäre durchgegangen. Katzen

weinten um mich, nur einige Pudel blieben mir getreu.

Elim. Verdammt, ich stehe auf Nadeln.

Orion. Hört, sag ich, wenn ihr es nicht ohnehin schon wißt. Ich suchte vergebens — Hyänen hatten sie im Walde überfallen, Leoparden weiter geschleppt, aber keine Spur war vom Blute zu finden. Das gab mir Muth ferner zu suchen. Ich ward zum Kaméleon. — Bey der Tugend ward ich weiß wie ein Lamm, braun und gelb an der brennenden Sonne der Hofgunst, blau wie der Äther, der die Zukunft erhellt, war ich — in Lavinien; mit der grünen Farbe der Hoffnung kam ich hier an, und erwarte von euch, daß ihr mich schwarz macht — Das ist mein Paß — Sagt niemand ein Wort. (schnell ab.)

Vierter Auftritt.

Vorige ohne Orion.

Elim. Wir sind verloren! — Wenn es etwa Orion wäre?

Erlis. Ich baue noch ganz auf meine Schwester, und wäre es Satan selbst.

Heloise. Noch ist Rath, so lange wir Weiber für euch denken. Ihr Herr Oheim, macht aus Mücken Elephanten.

Elim. Und sie aus Elephanten Ameisen. Es
ereignen sich Dinge, die uns bange machen
müssen. Kerker und Fessel werden gesprengt.
Galeeren geleeret. Überall steht uns der verdammte Hofnarr im Wege, und nicht selten
machen wir einen Burzelbaum, über unsere eigenen Schlingen. Der Fürst hat sich sogar die
Akten von Friedhels Prozeß aufs neue vorlegen
lassen.

Heloise Und das alles, ohne mich zu fragen? Doch wir haben ja Banditen im Solde,
und Sartelli trift sicher.

Elim. Ich erwarte ihn alle Minuten aus
Lavinia, und ist Friedhels geliefert, dann mögen sie den Peozeß bis zum letzten Gerichte ver-
zögern. — Ist der gefallen, und Hillmann be-
freyt, dann wohl uns!

Erlis. Wenn aber Hillmann im Thurme
plaudert?

Heloise. Das wird er nicht, ohne sich selbst
zu schaden. — Kann ihn Kamilla durch den
Narren nicht retten, so will ich alle meine
Macht aufbiethen, den Fürsten in einer guten
Stunde um seine Befreyung zu bitten. (man
hört an der Wand klopfen)

Elim. Das ist das Zeichen eines Vertrauten. (er klopft an der Wand entgegen. Die Tapet-
te geht auf.)

Fünfter Auftritt.

Sartelli tritt ein, in Kappe und Mantel gehüllt.
Die Vorigen.

Sartelli (um sich blickend) Sind wir allein?

Elim. (freudig) Sartelli! — wackerer, lie=
ber, goldner Sartelli!

Erlis. ⎱
Heloise. ⎰ Willkommen!

Elim. Ist er geliefert?

Sartelli. (zieht einen blutigen Dolch) Das ist
Friedhels Blut.

Elim. (Sartelli die Hand schüttelnd) Redlicher
Kerl!

Sartelli. Des Fürsten Befehl zu seiner Be=
freyung lieferte ihn in meine Hände. Doch ich
habe Eile. — Giebts irgendwo Geschäfte? Ist
einer zu viel auf der Welt? Gebt mir Arbeit,
daß er nicht rostig wird.

Elim (wirft ihm eine volle Börse zu) Da nimm!

Heloise. Ha, nun sind wir geborgen. Will
es ja ein vorlauter Frevler wagen, sich um un=
sere Projekte zu bekümmern, so bist du unser
Nachrichter.

Elim. Komm! Kennst du Golden und Wolke?

Erlis. ⎱
Heloise. ⎰ Was wollt ihr mit diesen?

Elim. Schweigt! (zu Sartelli) Kennst du sie?

Sartelli. Ganz genau, um sie gut zu treffen. Soll ich vielleicht ihr Blutsverwandter werden. (Auf den Dolch zeigend)

Elim. Giebts denn keine andern Mittel — ein Pülverchen, ein Tränkchen. —

Sartelli. Ich verstehe. Ja, bin damit versehen.

Heloise. Ich zittre.

Erlis. Des Fürsten Lieblinge?

Elim. Und sind wir mit diesen fertig, bessert sich der Hofnarr nicht — dann — macht Sartelli seiner Narrheit und seinem Leben ein Ende.

Sartelli. Macht, ich habe mehr Geschäfte. — Da lebt ein Oheim seinem Neffen, dort eine Tante ihrer Nichte zu lang: hier hab ich eine Stelle zu entledigen, dort ein Testament zu beschleunigen. Drey Ärzte, die zuviel Menschen erhalten, muß ich aus der Welt schaffen, und dafür eine Quartalquittung bey dem Todtengräber erheben.

Elim. Ich will dir einen Jahrgehalt aussezzen, und dein Genie unterstützen, (ab mit Sartelli ins heimliche Zimmer.)

Sechster Auftritt.

Heloise, Erlis.

Erlis. Gräfin, so lange solche Männer in unserm Lande sind, ist er unzertrennlich.

Heloise. Wir fangen den Tag mit rühmlichen Werken an, und enden ihn mit Thaten der Erbarmung. (beyde ab)

Verwandlung.

Ein Garten mit einer Laube.

Siebenter Auftritt.

Orion, Kamilla (Arm in Arm.)

Kamilla. O wie lästig waren mir die Fesseln des Zwanges! O komm in meine Arme, fühle wie mein Herz voll heisser, inniger und glühender Liebe dir entgegen stürmt. Wie jede Ader, jeder meiner Pulse nur für dich rascher schlägt. Ach! wenn du ganz mein seyn wolltest.

Orion. Ich bin es! — Hier in deinen Armen ist Wahrheit.

Kamilla. Du sollst es nie bereuen, und kan meiner Seite eine Belohnung finden, um die dich selbst Götter beneiden müßten; aber ich fordere Beweise.

Orion. Nenne sie mir! (feurig)

Kamilla. Ich muß Entschluß, Handlung sehen, eh ich belohne. Schwöre mir, — doch nein
schwöre nicht; denn kann dich Liebe nicht bin-
den, so bindet dich auch kein Eid. Ich lege
mein ganzes Glück, meine Ruhe in deine Hand.
Wenn du mich verriethest?

Orion. Fordere! befiehl! Was verlangst du?

Kamilla. Hillmanns Befreyung (er fährt
auf) Nun? Du zitterst? Mann, der es mit
der Höhle aufnehmen will, du bebst vor dieser
elenden Kleinigkeit?

Orion. Kamilla? Was hat dieser Bube mit
unserer Liebe zu schaffen?

Kamilla. Sehr viel. Du hast dich gegen den
Redlichen bethören lassen. Sein ganzes Vergehen ist eine kleine Nachläßigkeit, soll er dafür
so strenge büssen?

Orion. Ist es so, so wird ihn die Gerechtigkeit ohne Schleifweg frey sprechen.

Kamilla. Die Gerechtigkeit? O wahrer Narr,
der du bist! Kennst du ihren trägen Gan
nicht?

Orion. Ich will ihr Flügel machen.

Kamilla. Kannst du mich vergeblich bitten
lassen? Sieh, ich will dir mehr geben, als
deine kühnsten Wünsche je fordern können. —

Nur laß mich keine Fehlbitte thun. Rette ihn, denn retten muß ich ihn.

Orion. Muß ich denn ein Bube werden, um dich mein zu nennen?

Ramilla. Wenn ich dir aber das Gegentheil erweise —

Orion. Ja dann —

Ramilla. Soll ich mich in dir betrogen haben?

Orion. Nein, das sollst du nicht. Sey es immerhin Vergehen, dir treu zu seyn, in diesem Vergehen liegt zu viel himmlisches Vergnügen. (sie umarmend)

Ramilla. Du willst also?

Orion. Ja! Werd ich aber auch Kräfte genug haben, Hillmanns Kerker zu öffnen?

Ramilla. Hängt nicht alles an dir? Gilt nicht ein Wink von dir, als Befehl deines fürstlichen Freundes?

Orion. Mein Starrsinn ist besiegt — ich bin dein auf ewig.

Ramilla. Hätt ich eine Seligkeit zu vergeben; ich brächte sie dir. Du hast mich mir, und dir selbst wieder gegeben. (sie zieht schnell einen Dolch, und wirft ihn weg.)

Orion. (bebt zusammen) Was war das?

Ramilla. Warum bebst du?

Orion. Kamilla! du bist ein gefährliches Weib. — Doch mein Wort hast du: aber ich muß deinen Plan kennen. Wenn Hillmann frey wird, was dann mit ihm machen?

Kamilla. Was — kümmert dich das?

Orion. Viel. Er muß also gleich, sobald er frey ist, Aglaja verlassen.

Kamilla. Recht. Dafür ist gesorgt.

Orion. Darf ich es nicht wissen?

Kamilla. Jetzt noch nicht.

Orion. Kannst du mir noch mißtrauen?

Kamilla. Nein, du sollst alles erfahren — Ich höre kommen! — Hieher deine Hand — Fühle dieß Klopfen, und wenn du sagen kannst, ich bin kalt, so ist die Sonne selbst zu Eis gefroren. — Leb wohl. (Sie umarmt ihn feurig, und geht ab)

Orion (allein) Teufel! die hat mir warm gemacht. — Sie ist fort, und mit ihr Täuschung und Traum. Als Sieger kehr ich aus dem gefährlichen Kampf, und mein Lorbeer ist mit Myrthen der Liebe durchflochten. — Ich bin wieder Orion. (will ab.)

Achter Auftritt.

Sartelli tritt ein, erblickt Orion, eilt auf ihn zu, sagt das Wort ,, Lavinia '' ins Ohr, und stürzt ab)

Orion. Lavinia? — Ha! und wärst du ein Vogel, so will ich das Rohr seyn, das dich erreicht. (eilt Sartelli nach)

Verwandlung.

Dichtes Gebüsch mit einem hohlen Baum, nahe daran steht ein Thurm.

Neunter Auftritt.

Sartelli eilt herein, blickt um, und winkt dem Orion, der ihm eben so schnell folgt.

Orion. Halt!

Sartelli. Sind wir hier sicher?

Orion. Wie im Grabe.

Sartelli. Bist du Orion?

Orion. Wer frägt?

Sartelli. (ihm einen Brief reichend) Hier!

Orion. (erbricht, liest und küßt den Brief) Bothe des Friedens! Friedhels lebt — du kommst von ihm?

Sartelli. Lies!

Orion. (lieſt) „ Der Überbringer dieſes —
Sartelli iſt ſein Name, war gedungen mich zu
ermorden. Er hatte mich, ohne mich zu ken=
nen in ſein Haus genommen. So glänzend der
Antrag war, konnt er es doch nicht über ſein
Herz bringen, die Pflichten der Gaſtfreund=
ſchaft zu verleßen. Er entdeckte mir das Kom=
plot, und ſchafte mich bey Seite. Man glaubt
mich todt. Kannſt du Kamilla gewinnen, ſo iſt
alles gewonnen, ſie weis um das Geheimniß;
kannſt du in einer ſüſſen Stunde einen gewiſ=
ſen Namen von ihr entlocken, den ich dir nicht
erſt zu nennen brauche, dann Orion, flieg ich
nach Aglaja. Dein Friedhels " (betrachtet Sar=
telli.)

Sartelli. Lies weiter!

Orion. „ Du kannſt Sartelli trauen. Halt
ihm, was ich in deinem Namen verſprach; daß
er nicht aus Noth zum Schurken werden muß.
— " Ich kann dir alſo trauen?

Sartelli. Wie dir ſelbſt. Sieh! Eigennuß
iſt die Triebfeder menſchlicher Handlungen.
Selbſt unſere Tugenden, die wir vergöttern,
beruhen auf ihr.

Orion. Eine ſchöne Philoſophie.

Sartelli. Die natürlichste aus vierzigjähriger Erfahrung.

Orion. Du bist also aus Grundsätzen ein Schurke.

Sartelli. Was ich war, wollt ich ganz seyn. Wenn du einmal Zeit hast, will ich dir mein Leben erzählen. Du wirst erstaunen, wie mich Noth, Rache, Wuth und Verzweiflung, zu der Stuffe herabstürzten, auf der ich itzt stehe. Du würdest mich bedauern. Ich hoffe, du sollst Behagen an mir finden, nur mußt du dir die Mühe nehmen, mich genauer kennen zu lernen.

Orion. Wie viel Seelen hast du auf dir?

Sartelli. So recht eigentlich keine. Ich war nur Helfershelfer von andern. Friedhels wäre der erste gewesen, auf meine Ehre! Ich mache nur eine Universalmedizin, die Anwendung überließ ich meinen Kunden. Der Patient ist bey dem ersten Tropfen verloren, und trägt den Tod arithmetisch in sich.

Orion. Du bist ein gefährlicher Kerl.

Sartelli. In meiner Art.

Orion. Wie viel both man dir für Friedhels?

Sartelli. 200 fl.

Orion. Mein Gott! die Benefice eines Gauk=
lers beträgt m.hr! Du bist von nun an in mei=
nem Solde. Für die Schonung meines Fried=
hels — hier (er wirft Sartelli einen Beutel hin)

Sartelli. Das ist fast zu viel, doch will ich
es verdienen.

Orion. Ich will dein Schutzgeist seyn. Wenn
dir was mangelt, komm zu mir!

Sartelli. Wahrlich, du bist ein braver Mann.
Wenn dir an der Zuneigung eines Gauners
was gelegen ist, so kannst du auf meine Treue
bauen. (reicht Orion die Hand) Sartelli ist nicht
so böse als er scheint.

Orion. Gut. Kein Mensch darf es ahnden,
daß wir uns sprechen. Merke dir den hohlen
Baum: ich werde dich hier immer durch einen
schwarzen Stein bestellen, den ich hinein wer=
fe. Zu dieser Zeit können wir uns nur verbor=
gen sprechen. Tugend und Ehrlichkeit muß im
Finstern schleichen, indeß die Bosheit am hellen
Tage einhergeht.

Sartelli. Sieh Orion! ich hätte dich liefern
sollen. (zieht den Dolch)

Orion. Mich? — Leicht möglich.

Sartelli. Hier ist auch schon das Geld vom
Kammerjunker Elim. — aber ich sagte ihm so
viel Gutes von dir: daß du ganz auf seiner
und

und Kamillas Seite wärst, und dich nur ver=
stelltest, daß er dir das Leben schenkt; aber doch
warnt er mich vor dir, weil sein jetziger An=
schlag zu boshaft ist. Ich soll zwey wackere
Männer ins Reich der Schatten liefern. —
Wolke und Golden.

Orion. Gerechter Gott! Ha Buben! Und
du wirst das thun?

Sartelli. Das will ich von dir wissen —
seitdem ich den Entschluß gefaßt habe ein ehr=
lichen Kerl zu werden, ist mir so wunderlich
ums Herz.

Orion. Und die Art ihres Todes?

Sartelli. Meine Universalmedizin. Aber ich
habe ein anderes Getränke bereitet, das ganz
unschädlich ist, und dann — (giebt es ihm)

Orion. Vortreflich. Ich lege das Leben zweyer
grosser Männer in deine Hände, von denen
Aglajas Wohl abhängt. Sie sollen sterben;
für das übrige laß mich sorgen. Jetzt geh und
bleib ein ehrlicher Mann.

Sartelli. Orion! Wenn ich einst, anstatt
verworfen zu seyn, dort oben mit dir am Thro=
ne des Allerbarmers stehe, dann erst will ich
dir meine Seligkeit verdanken. (ab.)

Orion. Doppelt werd ich dann die Freuden
der Verklärten empfinden, wenn ich sagen

kann: Vater, da bring ich dir einen Verlornen
wieder, der sich verirrte. (beyde ab)

Verwandlung.

Verfallenes Gemäuer mit Stellas Grabmal, von Zy-
pressen umschattet.

Zehnter Auftritt.

Am Piedestalle der Urne liegt ein alter Krieger schlum-
mernd, neben ihm seine Krücke. Golden und Wolke treten ein.

Golden. O mein Freund, laß uns hier bey
den Todten die Lebendigen beklagen: Orion ist
für uns verloren, er liegt in Kamillas Banden.

Wolke. Die gute Sache geht zu Grabe. Gu-
te Stella, dein Grabmal wird nicht mehr von
Astolph besucht, seit ihn Heloise umgarnet.
Sie spielt die Heuchlerin vor den Augen der
Welt, und ist doch die Schlange, die er am
Busen nährt.

Golden. Sieh dort den alten Krieger an der
Stuffe des Grabmals? — Er ist im Gebethe
für seine Wohlthäterin entschlaffen. So steigen
tausend Dankgebethe, aber auch zugleich tausend Seufzer gegen Himmel.

Eilfter Auftritt.

Orion im Mantel verhüllt. Vorige.

Orion. Wie? — Ihr seyd hier — Geht zum Todtengräber, und laßt euch die Zügenglocke läuten.

Golden. Recht Orion! die gute Sache stirbt.

Orion. Ja, um glorreich zu erstehen. Oder glaubt ihr, daß ich dem Narrenspiele so gelassen und ruhig zusehe?

Wolke. Das Narrenspiel scheint aber ernst zu werden.

Orion. Eben das macht es amusanter.

Golden. Sieh dich vor, Orion.

Orion. Laßt mich ausspielen. Ich gehe langsam, aber gewisser. Laßt mich daher immer maskirt wandeln, aber sagt nicht, daß ihr mich kennt.

Golden. Aber diese Heloise?

Wolke. Diese Kamilla!

Orion. Fürchtet ihr? Ich fürchte sie wenig. Beruhigt euch. Friedhels lebt.

Wolke. (
Golden. (Lebt?

Orion. Lebt, und ihr müßt sterben. Geht! hier ist der Tod (das Fläschchen ziehend) der euch

eingegoſſen werden ſoll. Trinkt und legt euch
nieder.

Golden. Orion! ſpotteſt du unſer?

Wolke. Die Rache des Himmels treffe dich,
wenn du uns hintergehſt.

Orion. Ihr dürft ahnden, aber nicht wiſ=
ſen. — Geht und trinkt, ein ſtarker Schlaf
deckt eure Augenlieder. Man wird euch für todt
halten, ohne daß ihr es ſeyd. Ich drücke euch
die Augen zu, um ſie den Fürſten zu öffnen.
Ihr zweifelt? — Ihr ſteht an? — Nun ſo lebt
wohl, und laßt euch wirklich ermorden.

Golden. Orion! ich traue dir (gibt ihm die
Hand.)

Wolke. Mein Tod ſey des Vaterlandes Le=
ben (giebt ihm die Hand)

Orion. Geht und legt euch in den Tod. Ich
und Friedhels werden euch wecken. Die gute
Sache triumphiert, und die Bosheit knirſcht
die Zähne, und zerplatzt von eigenem Geifer

Golden und Wolke ab.

Orion. Geht, und legt euch ſterben! Gott
ſey Dank für dieſe Kappe — Ha — was ſeh
ich — Aſtolph — Er wandelt auf Stellas
Grabmal zu? — Stärke mich du Fürſt der
Fürſten! und Herr deiner Knechte. (er verbirgt
ſich)

Zwölfter Auftritt.

Astolph in einem Mantel. Orion, der Krieger.

Astolph. (in Gedanken, schnell aufblickend) Unwillkührlich zieht mich mein Verhängniß an diese Stätte. — Stellas Grab, das ich so sorgfältig vermied, das ich über Heloisen so ganz vergaß.

Orion. (verborgen) Das war nicht recht, Astolph!

Astolph. Was ist das, wer behorcht mich? — Ist es der Geist meiner Verklärten.

Orion. (kommt hervor) Die Stimme deines Freundes.

Astolph. Orion? — O warum hast du mich verlassen?

Orion. Ich habe für dich gehandelt. Astolph, warum störst du hier meine Thränen?

Astolph. Deine Thränen? Hier darf niemand weinen als ich.

Orion. Das ist nicht so — Hier weinen Tausende um zwey Menschen.

Astolph. Um zwey Menschen? -

Orion. Um Stella, und um dich. Ihre Bande sind gelößt, du hängst an Heloisens Ketten.

Astolph Orion!

Orion. Dein Zorn schreckt mich nicht, denn ich bin der Wahrheit Sohn, und diese Kappe giebt mir das Recht zu reden. Wie kann Astolph nach Stella eine Heloise lieben?

Astolph. Sie ist ihr ähnlich, das sagt mein Herz.

Orion. Am Gesichte, aber nicht an der Seele, das lügt dein Herz.

Astolph. Verläumder! Sie besucht verkleidet oft die Dürftigsten meines Landes, und hilft den Unterdrückten empor. Sie entsagt allen Vergnügen, um mich zu unterhalten, sie lebt in mir, sie beobachtet jeden meiner Wünsche, sie ist Mutter der Armen, Beschützerin der beleidigten Unschuld, und strenge Richterin des Unrechts. Sie ist ein Meisterstück der Schöpfung, und mir über alles werth, darum schweige. (ernst)

Orion. (führt ihn vor) Pst!

Astolph. Was soll das?

Orion. Sprich leiser, damit Stellas Schatten das Loblied deiner neuen Geliebten nicht höre. Auch möchtest du den Alten dort wecken, der dort auf einem Steine sanfter schlummert, als unruhige Hofgewissen auf Eiderdunnen. (Er ermuntert den Alten, der nach seiner Krücke tappt.)

Dreyzehnter Auftritt.

Orion, Aſtolph, Krieger.

Orion. Guter Alter! die Luft iſt hier zu kühl, ſteh auf, und geh in deine Wohnung.

Krieger. (ſchmerzhaft lächelnd) Ich habe keine. (er ſteht von Orion unterſtützt auf) Hier iſt meine Wohnung.

Aſtolph. (
Orion. (Hier?

Krieger. Die Lebendigen ſtieſſen mich aus, die Todten ſind friedlich wie ihre Gräber, und nahmen mich auf. Die Selige, die hier ſchlummert, gönnt meinem grauen Kopfe ſeit fünf Nächten Ruhe. Bey mir iſts immer Nacht, denn ich ſehe den Tag nicht.

Aſtolph. Kannteſt du ſie?

Krieger. Sehr gut. Ach die gute Stella! Mein Name iſt Werno. Acht und vierzig Jahre hab ich redlich gedient — das bezeugen meine Narben, und jetzt!!! erhielt ich Gnaden in mei- n:n Abſchied.

Aſtolph. Deinen Abſchied?

Orion. Und dein Lohn?

Krieger. Dieſer Stelzfuß.

Orion. (wild lächelnd) Hahaha! — Ein Stelzfuß! — Aſtolph, hörſt du? — Ein Held

kämpft 48 Jahre dem Lande die Ruhe zu er=
halten, und sie lassen ihn verhungern. Deutsch=
land sorgt für seine Krieger, ihr Fürst ist Held
und Vater, und dankbar ist das Land, und
hier muß der Held verhungern. (setzt ihm die
Kappe auf) Nimm meine Kappe, weil du ein
Narr warst.

Astolph. Warum meldetest du dich nicht bey
dem Fürsten?

Krieger. Sie sind gewiß ein Fremdling in
Aglaja. Fürst Astolph ist gut, er liebt die Men=
schen wie Brüder. Das wußt ich — darauf
baut ich — aber du lieber Gott, die Gräfin
Heloise —

Astolph. Heloise? —

Krieger. Man ließ mich nicht zu ihm. Eine
dichte Mauer war um ihn, da hört ich so viel
Gutes von seinem Hofnarren, und von Heloi=
sen. Ich versuchte es am Ersten bey ihr, weil
sie der guten Stella so ähnlich seyn sollte, aber
eben diese Heloise, die man als einen Engel
pries, sendete mir einen elenden Gulden, und
ließ mich aus der Stadt transportiren.

Astolph. Du lügst.

Krieger. Sehen sie auf diese grauen Haare!
Orion. Und der Narr!

Krieger. Als ich zu ihm gehen wollte, lau=
erten ein paar Häscher auf mich, und schlepp=
ten mich nach dem Thurme. — Dort büßt ich
lange, bis ihnen das Futter zu theuer ward,
und ich erblindete. — Man entließ mich wie=
der. — O laſſen ſie mich ruhig bey dieſem En=
gel raſten. Sie verſöhnt mich mit der Menſch=
heit wieder.

Orion. Nun Aſtolph —

Aſtolph. Ha, Schlange. — Folge mir. (zum
Krieger)

Krieger. (zitternd) Wer ſeyd ihr?

Aſtolph. Ein Mann, der dir viel Dank
ſchuldig iſt, und ſeine Schuld gerne abtragen
möchte. Du ſollſt mich näher kennen lernen!
komm!

Krieger. Ich kann nicht, laßt mich hier ſter=
ben (ſinkt aufs Grabmal nieder.)

Vierzehnter Auftritt.

Der Knabe, Aſtolph, Orion, der Krieger.

Knabe, (ängſtlich hereineilend) Hier ſoll ich ihn
treffen? — wo nicht ihn ſelbſt, wenigſtens gu=
te Menſchen ſagt die Mutter. (erblickt Aſtolph)
Um Gotteswillen Gnade Fürſt, Gnade für
meine Mutter (ſtürzt Aſtolph zu Füſſen)

Krieger. (horcht hoch auf)

Aſtolph. Was willſt du Kleiner? erhohle
dich.

Knabe. Als ihr bey uns wart, kam gleich nach
euch ein wilder, ſchöner, trotziger Mann, und
eine hübſche, hübſche Frau, aber ſie war nicht
ſo gut als hübſch — Sie fragten uns haar=
klein aus, und fragten, ob wir nichts von ei=
nem gewiſſen Orion wußten. Meine kranke Mut=
ter warf der Schreck noch mehr darnieder. O
die garſtigen Menſchen, vielleicht ſtirbt ſie gar!
(er weint bitterlich) Sie bothen uns Geld, ſie
drohten, ſie wollten die Mutter ſchlagen, aber
wir wußten nichts. Endlich giengen ſie, und
der wilde ſchöne Herr fluchte ſo, daß ich mich
anſtatt ſeiner ſchämte. Sie drohten uns von
Haus und Lande zu jagen, wenn wir plauder=
ten, und meine Mutter ſank in Ohnmacht. Ich
küßte ſie ſo lange, bis ſie zu ſich kam. Geh,
ſagte ſie, lauf in den fürſtlichen Garten, der
jedermann offen ſteht, bey Stellas Grab fin=
deſt du den Fürſten, und wo nicht ihn, we=
nigſtens gute Menſchen. Klag ihnen unſere Noth,
ſey der Retter deiner Mutter. Gott ſey Dank —
ich habe euch gefunden — Komm — komm —
hilf der Mutter — O ich bin ſo gelaufen, ſo —
ich kann nicht mehr — die Kräfte verſagen
mir — O Gott! wenn ich ſterbe, laß mich für

meine Mutter sterben, und meine Wohlthäter
segnen (sinkt ermattet hin)

Astolph. Sey ruhig. Ha Orion! — Laß uns
handeln.

Krieger. (aufwankend) Um Gotteswillen! —
mein Fürst und mein Vater (sinkt knieend nieder)

Orion. (der den Kleinen empor hebt) Astolph! —
Bey dem Schatten der Verklärten! — Sey
Fürst! Sey Vater! Sey Mann! Bey den Thrä=
nen der weinenden Unschuld beschwöre ich dich,
streife der Schlange den Balg ab, die dich um=
windet. Die Menschheit! die Unschuld, das
Vaterland, Stella und deine Fürstenpflicht
fordern dich auf! — Auf Astolph, auf! — Laß
hier die Tugend und die Unschuld für uns be=
then, und Stella wird uns erhören.

Der Krieger und der Knabe, der neben ihn kniect,
falten die Hände gegen Stellas Grabmal.

Orion. (
Astolph. (lehnen über der Urne.

Orion. (fährt plötzlich auf) Willst du seyn,
Fürst?

Astolph. Fürst!

Orion. Vater des Landes?

Astolph. Und der Unschuld Rächer! Das
schwöre ich bey Gott und Stella.

Orion Nun so führe Vater des Landes den
Helden, und ich will die Unschuld beschützen.

Astolph. (führt den Greisen)

Krieger. (küßt des Astolphs Hand)

Orion. (führt den Knaben) Sieh Fürst, so
ist es recht. Er unterstützte dich einst, nun stü=
ßest du ihn wieder. So war ich einst (auf den
Knaben) so werd ich dort wieder werden.

Der Vorhang fällt.

Ende des zweyten Aufzuges.

Dritter Aufzug.

Kabinet im fürstlichen Pallast, wie Act 1. Scen. 4.

Erster Auftritt.

Elim, Erlis, und Kamilla.

Elim. Wir sind geborgen, und Golden und Wolke singen bereits im Chore der seligen Geister. (hämisch)

Erlis. Der Fürst ist untröstlich.

Kamilla. Bald wären wir verloren gewesen, der verdammte blinde Kerl.

Elim. Und die dumme alte Vettel mit ihrem Bankarte. Der Fürst war wie wüthend, aber meine Nichte warf die Schuld auf ihren Almosenier. Der arme Narr ward entlassen, uud genießt jetzt ruhig seinen Gehalt in zweyfacher Massa.

Erlis. Und ihr Graf?

Elim. Eine schlechte Maus, die nicht mehr als ein Loch hat. Meine Wachsamkeit für das Bettelgesinde, und die Sicherheit des Staates logen mich heraus.

Kamilla. Aber daß sie sich nach Orion erkundigten, wie lief dieser neugierige Eingrif ab.

Elim. Zu meinem Glücke. — Ich gab vor
Witterung von ihm zu haben, und den Für=
sten so unvermuthet mit seiner Herbeyschaffung
zu überraschen. — Wir, und meine Nichte
theilten Geld unter die Armen aus, bezahlten
einige Dutzend Wohlredner, weinten — und —
meine Nichte ist bey Astolph. Das ist das En=
de vom Liede.

Erlis. Der Narr ist an Allem Schuld.

Kamilla. Glaubt es nicht. Er mußte ja wohl,
damit er dem Fürsten nicht widerspreche, und
ihn hinhalte. Weiland die verblichenen Herren
Golden und Wolke hatten den blinden Belisar
absichtlich dahin gelagert, und alles so einge=
fädelt. — Er wird auch Hillmann befreyen.

Elim. Der Himmel habe sie selig! — Orion
dürfen wir trauen, denn Sartelli hat ihm ein
gutes Zeugniß gegeben.

Erlis. So ist er der schlaueste Fuchs, den
ich kenne. Aber Wolke und Goldens schneller
Tod wird Aufsehens machen.

Elim. Ein schneller Schmerz, wie wenn
man sich ans Schienbein stöße. Eine Verkäl=
tung, giftige Schwämme, Alter, Debauche,
ein Schlagfluß — O mein Himmel! Der Tod
will eine Ursache haben. Sie kommen, nur
recht traurig.

Zweyter Auftritt.

Astolph, Heloise, Vorige.

Astolph. Ha Gräfin, Ihre schmeichelnden Tröstungen sind, so herzlich sie auch seyn mögen, nicht fähig meinen Schmerz zu stillen. Zwey so redliche verdienstvolle Männer.

Heloise. (heulend) Obschon ihr Tod einem neuen Platz in ihrem Herzen eröfnet, so gäb ich doch die Hälfte meines Lebens hin, um dem Lande seine Stützen wieder zu schaffen.

Astolph. Ich kenne ihr Herz.

Elim. Wenn steter Diensteifer —

Erlis. Und Anstrengung etwas vermögen —

Astolph. Ihre Verdienste sind mir bekannt — Aber gestatten Sie mir auch meine Thränen.

Heloise. Dürft ich wohl in dieser weichen Stimmung, eine Fürbitte für den Unglücklichen —

Astolph. (schnell einfallend) Hillmann einlegen? — Alles Heloisen, nur dieses nicht. — Sie sind zu gut, um in seine schändlichen Plane zu blicken. Noch ist der Bube verschwiegen, aber die Folter soll ihm wohl die Zunge lösen, und mein guter Narr ist ein Meister in Erforschung der Gewissen. (mit etwas fixirenden Blicken) Ha! da ist er ja.

Dritter Auftritt.

Orion mit einem schwarzen Flor um den Arm, und
ohne Schelchen. Die Vorigen.

Orion. (tritt ein, ohne etwas zu sprechen, sieht
Heloise am Arme des Fürsten, blickt nach Kamillen,
und verhält sich dann mit der Hand das Gesicht.

Astolph. (Orion am Arm fassend) Was fehlt
dir?

Orion. O weh! — ich trage den Arm in der
Schlinge. Dir ist die rechte, und linke Hand
gebrochen, und du gehst nicht in Trauer?

Astolph. Ich verstehe dich.

Orion. Einen armseligen Flor hatt ich, den
wand ich um meinen linken Arm, damit er
mein Herz bedeckt. —

Kamille. Du sollst uns ermuntern, Narr!
und du stimmst Klagetöne an?

Heloise. Wir fühlen gewiß auch ihren Ver=
lust, wie du und das Land, aber auch der
Schmerz hat seine Grenzen. Binnen drey Ta=
gen legen auch wir die Trauer an.

Elim. Die tiefeste.

Erlio. (auf den Busen) Ich trage sie hier.

Orion. (den Flor wegreissend) Ihr trauert
auch? — Weg damit! — der Narr muß was
besonders haben. — Es ist auch wahr. Hin
ist

ist hin, und todt ist todt. Heida lustig! —
Wer weiß, wann die Reihe an uns kommt.
Die Seele ist ein Arrestant, der Körper die
Festung, in der sie karrt. Der Bothe des Frie=
dens klopft an die Pforte: „Heraus Arre=
stant!" und sie fliegt in ihr Vaterland auf. —
Wenn ihr einst sterbt. (zu Elim und Erlis) dann
erlaubt ihr mir doch ganz schwarz zu gehen? —

Elim. 〉
Erls. 〉 Wir danken.

Astolph. Mein Kummer sucht das Freye —
Der Abend verspricht sich so schön. Wir wollen
in ihre Einsiedeley (zu Heloise) Ich muß doch
sehen, wie sie das Erdstück benutzten. Kommen
Sie, ich führe Sie.

Orion. Nicht doch, sie führt dich. — Gute
Reise! — Der Narr kommt nach. Wo hinaus?
Gegen die Leichenäcker.

Elim. Pfui doch! — Auf Piava zu, dem
neu angelegten Lustschlosse meiner Nichte.

Heloise. Dort ist es so einladend schön —

Orion. Und die Abendluft vergiftet. — Nun
lebt wohl, ich habe noch einen Monolog zu
halten, denn Narren, wie ihr wißt, sprechen
immer mit sich selber. — (leise an Elim und Er=
lis vorüber) Ich bin Euer: Gute Unterhaltung!
(leise zu Kamilla) Hillmann wird frey.

E

Aftolph. (zu Orion leife) Ich bin ftark, da ich dir schwach scheine. Askalis Geift schwebt über mir. (ab mit Heloisen)

Elim.   (

Erlis.   (folgen.)

Kamilla. (folgt ebenfalls, kehrt aber wieder um)

Vierter Auftritt.

Orion, Kamilla.

Orion. Und diese Kamilla! (zu sich auf sein Herz)

Kamilla. (schleicht von hinten zu, und sieht ihm über die Achsel) Träumst du schon wieder?

Orion. Für dich.

Kamilla. Wirklich? So darf ich dich wohl nicht stören? Wann seh ich dich wieder?

Orion. Diesen Abend, wenn der Handwerks= mann schläft, und wir Tag aus Nacht machen; wenn nichts mehr wacht, als der Gewissens= wurm und die Liebe, dann komme ich, um dir Rechnung abzulegen.

Kamilla. Nein, o nein! die Verläumdung wacht. Komm vor der Stunde der ersten Hof= visiten, da vermuthet mich niemand zu Hau= se. — Eh eine halbe Stunde vergeht, komm zu deiner Kamilla. Leb wohl! (giebt ihm einen Schlüssel)

Orion. Noch eines Kamilla. Es ist für meinen Plan nöthig, daß Hillmann davon weiß: ich will zu ihm. Gieb mir ein Zeichen.

Kamilla. (faßt ihn ins Auge) Hillmann ist schon hinlänglich unterrichtet, und wird nichts gegen deinen Plan unternehmen.

Orion. Er könnt es aber thun, wenn er Mißtrauen hegt.

Kamilla. Es sey. (sie zieht ein kleines Portefeuille hervor, schreibt, und sagt für sich) Ich liebe dich unendlich Narr, aber ich bin feiner als du (laut) Zeig ihm diese Chiffern.

Orion. (sie betrachtend) Darf ich nichts genauer wissen?

Kamilla. Nein: denn das ist ein Geheimniß, das nicht mein gehört.

Orion. Kamilla!

Kamilla. Nein, ich mißtraue dir nicht (sich an ihn schmiegend) aber warum wolltest du mich zu einem Meineide zwingen, der dir nichts helfen würde?

Orion. (starrt vor sich hin)

Kamilla. Nicht diesen trüben, düstern Blick. — Heiter, denk an das Glück, das deiner bey Kamillen wartet. Leb wohl. (ab)

Fünfter Auftritt.

Orion allein.

Warum muß es doch gerade dieses Weib seyn, das ich betrügen muß? Wenn es noch Zeit wäre, wenn ich sie retten könnte, wenn ich sie mir, und der Gottheit wieder gäbe? — Es muß doch was Gutes in ihr, und der schaffenden Natur seyn? — Aber wenn es fehlschlägt, wie dann? — Wenn sie dann auf ewig für dich verloren ist? — Wahrlich, sie ist meinem Herzen theuer geworden. — o Vaterland, wenn ich dir das Glück meines Lebens zum Opfer brächte? — Pfuy Orion! — Gelten mir ein paar heisse Küsse mehr, als die Segnungen eines ganzen Volkes? — Was wäre Tugend ohne Aufopferung? Ist diese Kamilla wirklich ein Teufel, so kann mich zwar die Folie blenden, aber nicht fesseln. Ha! die ähernen Würfel des Schicksals sind geworfen — Vaterland, du singst (ab)

Verwandlung.

Ein kurzer Kerker.

Sechster Auftritt.

Hillmann. (gefesselt) Ist dieß das Ende der mir vorgespiegelten Hoffnungen, dieß die Belohnung,

die mir die herrſchſüchtige Heloiſe verſprach? —
Und doch ſoll ich noch hoffen, wie mir dieſer
eingeworfene Zettel bezeigt. (lieſt) ,, Schweig!
und geſtehe nichts, dann biſt du, und ſind wir
gerettet. '' — Meinetwegen, und ſollte mich
auch die Folter um eine halbe Elle ver=
längern, ich geſtehe nichts. Lavinia und Stel=
la ſtirbt auf meiner Zunge. — Halt! — öfnet
man nicht die Kerkerthüre? — Gewiß ein Ver=
hör! — Rüſte dich mit Muth und Lügen,
du biſt ja aus Elims und Erlis Schule.

Siebenter Auftritt.

Orion mit dem Kerkermeiſter. Voriger.

Orion. (zeigt dem Kerkermeiſter einen Zettel vor)
Auf Befehl des Fürſten.

Kerkerm. (mit einer Verbeugung ab)

Orion. Hillmann!

Hillm. Ich höre: Fragt!

Orion. Ich bedaure dich, und komme, dich
zu retten, wenn du dich mir ganz ohne Aus=
nahme und Mißtrauen überlaſſeſt.

Hillm. Steh ich vor Gericht?

Orion. Nein, vor deinem Freund, vor dem
Hofnarren des Fürſten, und Kamillas Abge=
ſandten.

Zillm. Kamillas?

Orion. Sieh, wie dir das Roth durch die Wangen läuft — Heil dem Bösewichte, der noch erröthen kann. (giebt ihm Kamillas Schrift)

Zillm. (lieſt heimlich) ,, Schweig und geſtehe nichts! Übrigens iſt er unſer Freund, und will dich befreyen. ''

Orion. (zu ſich) Er ſteht im Zweifel. — Nun haſt du geleſen?

Zillm. Ja!

Orion. Du ſiehſt, daß ich entſchloſſen bin, auf meine eigene Gefahr deine Feſſel zu löſen. Dieſer Dienſt iſt wohl eines Gegendienſtes werth?

Zillm. Fodere, was du willſt? Was ſoll ich thun?

Orion. Du haſt den Schlüſſel zu einem Ge= heimniſſe; an welchen mir und Kamillen ſehr viel liegt. Gieb mir dieſen, und du biſt frey.

Zillm. Ich verſtehe dich nicht. Welches Ge= heimniß?

Orion. Du willſt nicht? Von Kamillen weiß ich, daß du ſehr enge in gewiſſe geheime Plane des Grafen Elim verwebt biſt, die Lavinien be= treffen.

Zillm. (fremd) Lavinien? du ſprichſt Räthſel.

Orion. Deine Verſtellung iſt umſonſt, ich weiß alles. Nur raſcher Entſchluß kann dich retten. Auch ohne dich werd ich erhalten, was du verweigerſt. Deine Papiere, und die deiner Genoſſen ſind in meinen Händen, und in wenig Tagen leiſten ſie dir Geſellſchaft.

Hillm. (erſchüttert) Wär es möglich? (die Handſchrift erblickend) Nein! — Was willſt du mich zum Lügen zwingen? Wie kann ich dir Dinge ſagen, von denen ich nichts weiß. Für den Preis meiner Befreyung gäb ich dir gewiß das Geheimniß hin; denn das Leben eines Gefangenen iſt ſo ſchrecklich, daß er die gewaltſamſten Mittel ergreift, die qualvolle Ewigkeit des Kerkers zu enden.

Orion. Was ſoll ich denken? — He da ihr Leute (der Kerkermeiſter und Schließer tretten ein) Bringt ihn in ein anderes Gefängniß! (Hillmann wird losgeſchloſſen) Noch haſt du Zeit, Hillmann — noch!

Hillm. Ich weiß von Nichts! —

Orion. Gut! — Werft ihn in den finſterſten Kerker, und dann gebt ihm die Folter. Hier iſt die Vollmacht des Fürſten. Geh! bis morgen haſt du Zeit.

Hillm. (zu ſich) Bis Morgen? — Was können Genies unſerer Art nicht bis morgen bewirken? Ich ſchweige. (laut) Führt mich fort, ich bin unſchuldig, und mein Blut über euch. (wird abgeführt)

Orion. (allein) Der Versuch schlug fehl, Ka=
milla hat mich getäuscht — Weh ihr! Ist sie
schuldig, dann nieder mit ihr! — Es gilt für
Astolph, Stella und das Land. Mein Gewis=
sen spricht mich frey. (ab)

Verwandlung.

Ein dichtes Gebüsch, mit dem hohlen Baume, und
dem Eingange zum Thurme wie Act 2 Scena 9.

Achter Auftritt.

Sartelli schleicht über die Bühne, sieht in den hoh=
len Baum, nimmt einen schwarzen Stein heraus,
und legt den seinen hinein. Orion kommt aus
dem Thurme, beyde legen den Finger an den Mund,
und treten sich näher.)

Sartelli. Du hast mit mir zu sprechen?
Orion. Und du mit mir?
Sartelli. Freylich. — Wo steckst du denn?
— Ich trage schon stundenlang den schwarzen
Stein bey mir, und laure auf dich ärger als
Belzebub auf die Seele eines Landesverräthers.
Orion. Sprich, was weißt du?
Sartelli. Kannst du mich eines Meineides
entbinden, wenn ich dir mein Geheimniß ent=
decke?

Orion. Ja, und stehe dir am Tage des Ge=
richtes gut, wenn die Sache meine Angelegen=
heit betrift.

Sartelli. Es sey! du haft mich über vieles
anders denken gelehrt. Darum bin ich so ge=
wissenhaft. Hier glaub ich, ist Meineid Pflicht.
— Ich bin von Graf Elim gedungen, mit ei=
nem kostbaren Schatze nach Lavinien zurückzu=
gehen.

Orion. Nach Lavinien?

Sartelli. Richtig.

Orion. Nach Lavinien! Ha, meine weissa=
gende Seele! — Geschwind Sartelli, sprich —
wohin?

Sartelli. Nach der Porto Casa.

Orion. (entzückt) Nach der Porto Casa?

Sartelli. So ist es. Lies (reicht ihm ein
Blatt)

Orion. (ihn umarmend) Sartelli! der Him=
mel hat sich deiner bedient, die Bosheit zu ent=
larven, und die Tugend zu retten. Freue dich
Sartelli, danke dem Himmel, er ist versöhnt.

Sartelli. (in Thränen) Bey Gott! ich fühle
den Werth dieser Bestimmung.

Orion. Geh! Ich folge dem Winke der Gott=
heit. Ich lege das ganze Glück eines Volkes
in deine Hand. Durch Lavinien wird Aglaja
und Astolph gerettet. Deine Hand darauf!

Sartelli. (reicht Orion die Hand) Willst du
Eide?

Orion. Wer sein Wort bricht, bricht auch
Eide. In einer Stunde komm zu mir, da sollst
du mehr hören, und Papiere und Dokumente
erhalten. — Übergieb die Papiere, die mir
werden müssen, mit Allem, an Friedhels, und
komme, wenn Gott will, nicht allein wieder.

Sartelli. Aber der Graf —

Orion. Schreib ihm, du hättest Aufträge
von Kamilla — Daß sie unschädlich wird, be=
sorge ich. — Geh! —

Sartelli. Leb wohl. — Noch eins, ich bin
zu einer doppelten Büberey erkauft. Ich habe
auf Elim und Erlis Anstiften einen Trank für
dich bereiten müssen, er hat die Probe an sei=
nen Affen gemacht, und probat gefunden. Dieß=
mal durft ich ihn nicht täuschen. Nimm dich
also in Acht, wenn du irgendwo einen Geruch
wie diesen witterst. (giebt ihm ein Fläschchen.)
Der Flor an deinen Arm um Golden und Wol=
ke hat sie erinnert, daß du auch sterben kannst;
und sollst.

Orion. Ich danke dir. — Was sagt das
Volk, daß man Wolke und Goldens Leichname
nicht ausstellt?

Sartelli. Das Volk drängt sich in dichten
Haufen um ihre Wohnungen, und schreyt
laut über Vergiftung und Verrath.

Orion. Erwünscht! Und nun eile. Gottes Segen und der meinige begleite dich.

Sartelli. Orion! Heute betrachtete ich meinen Dolch. Die Blutflecken sind daran verschwunden, so wird nach und nach die Reinheit meiner Seele wieder kehrrn.

Orion. Reue versöhnt. (beyde ab)

Verwandlung.

Ein Theil eines englischen Gartens. Im Hintergrunde steht ein niedliches Lusthäuschen.

Neunter Auftritt.

Astolph, Elim, Erlis, und Heloise.

Astolph. (das Gebäude und den Garten betrachtend) Recht niedlich Gräfin.

Heloise. Es ist ja ein Geschenk aus ihrer Hand.

Elim. Der hartnäckige Bauer, der anfänglich nicht abstehen wollte, hat es meiner Nichte doch um die Halbscheide erlassen.

Astolph Und wo ist nun der vorige Besitzer?

Heloise. (etwas verwirrt) Er ist —

Elim. (einfallend) Nach seines Vaters Geburtsort.

Erlis. Da sieht man, wozu eine geschickte Hand eine Wüsteney schaffen kann. Vorhin war da ein elender Acker, und ein unbedeutender Küchengarten, nun blühen hier die schönsten Blumen, und eine Reihe von Orangenbäumen.

Heloise. Belieben Euer Durchlaucht nun auch die innere Einrichtung zu betrachten.

Astolph. Wenn Sie die Erfinderin davon sind, so kann es mir nicht anders als gefallen.

Elim. Meine Nichte hat Geschmack.

Erlis. Es ist das wahre Kabinet der Grazien. (alle ins Lusthaus ab)

Zehnter Auftritt.

Orion, Guntram ein Bauer.

Guntram. (schmerzlich) Da ziehen sie hin in mein Eigenthum.

Orion. Alter! sprichst du die Wahrheit, so ist Astolph auf das schändlichste belogen, sagst du eine Lüge, wehe dir.

Guntram. (auf seinen weißen Kopf deutend) Bald steh ich vor Gott, vor ihm und im Tode ist Wahrheit.

Orion. Ich höre und zittere.

Guntram. Die schöne Gräfin Heloise, wollte schon vor einigen Jahren mein Gut besitzen, aber ich hatt es von meinem Bruder ererbt, und wollte darauf sterben. Man both mir beträchtliche Summen, ich blieb auf meinem Kop=

fe. Da dachten sie auf andere Kabalen. Ich wurde von allen Seiten zugleich gepakt. Bald fiel mir mein bestes Vieh über den Haufen, bald wurd ich bestohlen, man machte die unbilligsten Forderungen an Wiesen und Äcker, verwickelte mich in Prozesse, daß mein Vermögen dahinschwand. Ich nahm Geld auf meine Grundstücke auf. Das war es, was Elim und Heloise wünschten: man gab mir mehr, als ich verlangte. Gepreßt gieng ich jede Bedingung ein, in Hoffnung mich zu erhohlen. Der Termin verstrich schnell; von allen Mitteln, allen Freunden entblößt, wurd ich ohne Erbarmen aus meinen väterlichen Erbe vertrieben — Ehe ich sterbe, (unter Schluchzen) wollt ich noch einmal wie ein Pilger zu dem Orte wallfahrten, wo ich gebohren ward.

Orion Gerechter Gott! (ihn schnell packend) Komm! — (hält plötzlich inne) Nein noch sind sie nicht reif. — Mit mir guter Alter! Gottes Langmuth ist nicht unendlich. Das Schwerdt hängt nur an einem Haare über ihrem Haupte, ein Windhauch, und sie sind gerichtet. — Astolph ist gerecht, ist gut, ist Vater seiner Unterthanen, sein Auge ist geblendet, aber nicht sein Herz.

Guntram. Ja einst, einst war es ganz anders, als Orion seine rechte Hand ward.

Orion. Ich bin Orion!

Guntram. (vor ihm niederstürzend) Gott im Himmel!

Orion. (ihn aufhebend) Vor dem magst du knieen. Stille! Mein Name ist hier Kontreband. — Komm, ich will dich verbergen, dann brich wie ein Wetterstrahl los, und ich will der Schlange den Kopf zertreten. (gegen Himmel) Dank dir Allgütiger! Bald bin ich fähig für meine Vergehungen hier, dir ein Aquivalent von guten Handlungen aufzuweisen (beyde ab.)

Eilfter Auftritt.

Astolph, Heloise, Elim, Erlis aus dem Hause.

Astolph. Gräfin! Alle Künstler Griechenlandes haben hier beygetragen.

Heloise. Ausländische Arbeiten neuester Art, Ihro Durchlaucht.

Erlis. So was Ausgewähltes!

Elim. Man sieht es gleich, daß es nicht hiesige Arbeit ist.

Astolph. Meine Künstler und Fabriken danken Ihnen für das Kompliment. — So schön es ist, so bin ich da entgegengesetzter Meynung, und an meinem neuen Pallaste sollen nur in-

ländische Künstler arbeiten. Wenn Grosse den
Kunstfleiß des Innlandes nicht unterstützen, wer
soll es sonst thun?

Heloise. Ihro Durchlaucht — ich bin be-
schämt.

Astolph. Nicht doch.: Sie handeln recht, denn
Sie sind eine Ausländerin, und ich gehe (lächelnd) selbst mit einem üblen Beyspiele vor, da
ich das Ausländische (auf Heloise) durch meine
liebvolle Achtung unterschied.

Heloise. (sich verbeugend) Ihro Durchlaucht —

Elim. Schön gesagt!

Erlis. Königlich witzig.

Astolph. Wenn mein Lustschloß zu Stande
ist, werd ich es Ihnen zeigen. Es hat ein grosses Verdienst, was nicht alle unsere Gebäude
haben; es ist ohne Thränen der Meinigen errichtet. (alle ab.)

Verwandlung.

Ein Zimmer in Kamillas Pallaste, mit einer Mittel,
2 Seitenthüren, 1 Tisch, 2 Stühle, eine Ottomane.
Ein Becher steht auf dem Tisch.

Zwölfter Auftritt.

Kamilla allein.

(sie sitzt auf der Ottomane) Noch kommt er
nicht, und mir ist so ängstlich. — Warum muß

ich ihn hintergehen, ihn, den ich liebe. — Lie=
be? — O nur zu gewiß fühle ich diese schreck=
liche Wahrheit — Horch! — Er ist es. — (an
die Thüre des Kabinets, das sie durch einen Zug öfnet)

Dreyzehnter Auftritt.

Orion in Mantel verhüllet, Kamilla.

Kamilla. (ihn umarmend) Bist du es endlich?

Orion. (umblickend) Sind wir hier sicher?
Unbelauscht?

Kamilla. (ihm einen Schlüssel reichend) Über=
zeuge dich selbst.

Orion (öffnet alle Thüren und verschließt sie wieder.)

Kamilla. Nun mein Lieber, was bringst du
mir für Nachricht?

Orion. Gute oder schlimme, nachdem du
willst. (ernst)

Kamilla. O wenn es hier aufs wollen an=
kömmt, dann werden wir beyde zufrieden seyn.

Orion. Das gäbe der Himmel.

Kamilla. Was ist das? Dein Ton ist so feyer=
lich, dein Blick so ernst? Wie kommst du mir
vor? — Erkläre dich!

Orion. Das will ich, das muß ich. Ich will
mich dir zeigen, wie ich bin, nicht wie ich war.

Kamilla. Welche fürchterliche Ahndung durch=
bebt mich! — Wenn ich mich getäuscht hätte!

Orion.

Orion. Das haſt du.— Ich bin Orion. (ſie fährt zuſammen) Der Tod eines ſterbenden Gerechten legte die Rettung Aglajas auf meine Seele. Lange ſchlich ich der Bosheit und Kaballe nach. (Kamilla will ihn unterbrechen) Ruhig, ich bin bald zu Ende. Mein Herz haßt jede Verſtellung, aber Larven muß man mit Masken fangen. Ich ſah dich, erkannte dich als eine der erſten Triebfedern in der Maſchine der Bosheit, und ſo ſchlich ich in dein Herz. Es that mir wehe dich zu betrügen, aber mein Herz durfte hier keine Stimme haben. Jetzt ſteh ich am Ziele. Eure Büberey iſt entlarvt, und nun Kamilla, ſteht es ganz in meiner Macht, dich und deine Genoſſen zu zermalmen.

Kamilla. Ha Böſewicht! Das ſoll dir nicht gelingen.

Orion. Es muß mir gelingen. Deine Macht iſt zu Ende.

Kamilla. Ha, noch bin ich Kamilla! Zittre!

Orion. Ich zittre nicht. Kamilla! ich will dich retten, du biſt mir theuer. Noch iſt es Zeit. Leben oder Tod liegt in der Wage!

Kamilla. (auf ihn zu) Bube!

Orion. (hält ſie zurück, ſtreng und feyerlich) Bleib, entſcheide! Jeder Augenblick iſt koſtbar, der jetzige iſt noch dein, der künftige weder mir noch dir mehr.

Kamilla. Ha Elender! noch werd ich Macht haben, dich zu vernichten.

Orion: Zittre du selbst! — Kamilla, gieb dich mir, dir, und der Tugend wieder! — Ich beschwöre dich, kehre zurück.

Kamilla. Verräther! (vor Wuth knirschend)

Orion Kehre zurück. (vor sie hinstürzend) Bey deinem Heil kehre zurück.

Kamilla. (wild auflachend) Hahaha!

Orion. (springt auf) So werden deine Teufel auch lachen. (gemäßigter) Doch, ich will alles vergessen. Kamilla! sind deine Saiten so verstimmt, daß auch nicht eine in den Wohllaut der Tugend tönt? — Verachte diese Stimme nicht; o glaube mir, die Tugend hat Freuden, die an den Himmel gränzen; öffne ihr dein Herz, und laß deinen Schutzgeist frohlocken.

Kamilla. Geh, singe deine Märchen Kindern vor.

Orion. Kamilla, das sprach dein Herz nicht. O Kamilla, es kommt eine Stunde, wo die Schminke erbleicht, wo der Verbrecher anfängt zu zittern, wo sein Hohnlachen verstummt und nagende Reue den Busen füllt. Eine Stunde, wo aller Schimmer schwindet, und wir allein die finstere Straße wandern müssen, und uns nichts bleibt, als Gott und die Tugend. Da erst zeigt die Tugend ihren Werth, und bringt

uns die Palme der Vergeltung entgegen. — O
Kamilla! auch über dich kommt diese Stunde,
sie ist dir näher, als du glaubst.

Kamilla. (zurückbebend) Was war das?

Orion (mit tiefem, fürchterlichen Ausdruck) Ja,
nah ist die Stunde deiner Vernichtung und
Vergeltung. (zieht eine Phiole) Du siehst, daß es
Ernst ist.

Kamilla. Hilfe! Mord! (zieht einen Dolch)

Orion. (zieht sie stürmisch zurück) Schweig,
dein Schreyen hilft dir nichts. Bey dem ersten
Laut stoß ich dich nieder. Ehe noch die Morgen=
röthe dämmert, stehst du vor dem ewigen Rich=
ter. Gieb mir Kunde aus Lavinia.

Kamilla. Morde mich, wenn du kannst. Ehe
will ich mir die Zunge abbeissen, und sie dir
ins Gesicht speyen, Bube!

Orion. (stürzt die Phiole in einen Becher) Nun
so sey es! (hält ihr fürchterlich den Becher vor)
Trink! — (sie will auf, er stößt sie nieder) Trink!
(er umklammert sie fest, indem er ihr den Becher an
die Lippen setzt.)

Kamilla. (ihr Auge rollt in schrecklicher Wuth,
ihre Lippen berühren den Trank, und von Schauder
ergriffen, sinkt sie ohnmächtig hin, und Orion stürzt
ihr den Becher hinunter. Sie erholt sich, und sinkt
mit neuen Erstarren hin, als sie Orion mit leerem Be=
cher vor sich sieht.)

Orion. Wohl bekomms!

Ramilla. Ha Teufel! ist denn keine Hilfe mehr? (schreyend)

Orion. Der erste Tropfe war Tod. Keine Rettung. Dein Lebensfaden ist zerrissen — aber wenn du auch in den letzten Zügen des Todes lägest, ich rette dich noch, (ein Glas ziehend) durch Sartellis Gegengift.

Ramilla. (hinsinkend) Um Gotteswillen, rette mich.

Orion. (hebt sie auf) Bekenne! (auf die Sand-uhr hindeutend) Eh der Sand verrinnt, stehst du vor Gott! Friedhels lebt, Hillmann ist gefangen, die Papiere sind in meinen Händen.

Ramilla. (umklammert ihn mit Todesangst) Erbarme! Hillmann allein weiß alles. Eile zu ihm!

Orion. Wenn du lügst!

Ramilla. Im Tode ist Wahrheit.

Orion. Setz dich und schreibe! (drohend) Schreibe an Hillmann —

Ramilla. Um Gotteswillen — das Gift in meinen Adern — dieß Feuer!

Orion. Soll gleich seine Kraft verlieren.

Ramilla. (setzt sich zitternd)

Orion. (diktirt) „Hillmann! Alles ist verloren! dieser Mann, Orion, wird uns retten, entdecke ihm alles. Ich erwarte dich an der Gränze, wohin dich Orion selbst bringen wird. Kamilla!"

Kamilla. (übergiebt Orion den Brief, der ihn trocknet.)

Kamilla. (in Todesangst) Rette mich! Rette mich Orion.

Orion. (den Brief einsteckend) Gleich. Der Trank war kein Gift.

Kamilla. (starrt ihn mit Entsetzen an) Wie? (lallend) Kein Gift?

Orion. Nein, die Schmerzen des Todes waren nur die Folgen deiner Gewissensangst. (er öfnet die Thüre.)

Zwey Mann Wache treten ein

Orion. Ihr haftet mir für diese. Auf Wiedersehen, Kamilla!

Kamilla. (will nach ihm mit dem Dolche stoßen, er entwaffnet sie, und sie stürzt ohnmächtig nieder.)

Orion. (blickt sie einen Augenblick an, umarmt sie, und sagt, indem er sich losreißt) Stirb! mein Vaterland lebt! (ab.)

Ende des dritten Aufzugs.

Vierter Aufzug.

Vorzimmer des Fürsten, wie Akt 1. Scena 4.

Erster Auftritt.

Elim, und Erlis.

Elim. Nun Erlis, wie stehen unsere Sachen?

Erlis. Ich meine, auf schwankenden Füssen. Der Fürst ist in Akten vergraben, und der Narr weicht kaum von seiner Seite, er geht als Briefbothe auf und ab. Meine Schwester ist nicht zu sehen, und ihre Nichte scheint in den letzten Zügen ihrer Hoheit zu liegen.

Elim. Ich ersuche sie, sich anderer Ausdrücke zu bedienen, oder —

Erlis. Sie wollen mich doch nicht, wie den Hofnarren, mit Ofner vergiften?

Elim. Stille! — der Trank ist gemischt, und bald ist uns dieser Argus aus den Augen. So eben melden mir meine Kundschafter, wie sehr uns, und selbst den feinen Sartelli der Bube hintergieng. Der Hofnarr, den wir verschrieben, ist in seiner Gewalt, er warf sich in seine Gestalt, und stürzt durch Kabale unsere Kabalen. Es ist Orion, oder ich, nicht ich selber.

Zweyter Auftritt.

Heloise hereinstürzend. Vorige.

Heloise. Ums Himmelswillen! — Wir sind
verloren.

Erlis. Was fehlt Ihnen?

Elim. Sprich!

Heloise. (führt sie vor) Sekretair Hillmann
ist wahrscheinlich in einen tieferen Kerker gebracht, ihre Schwester Gräfin Kamilla ist fort.

Beyde. Fort?

Heloise. Zweymal fuhr ich bey ihr vor. Das
Thor war verschlossen, und keine lebendige Seele zu sehen. Man will sie mit dem Narren in
einem Wagen mit Wache abfahren gesehen haben.

Beyde. Mit Wache?

Erlis. Ha Elender! (Orion tritt ein, er än-
dert seinen Ton, und sagt höflich) Tausendmal willkommen Narr, wo steckst du immer?

Dritter Auftritt.

Orion. Vorige.

Orion. Wo ich stecke? (sehr munter) Bey
eurer Schwester Graf. Ich habe mich bey ihr
beurlaubt.

Erlis. Beurlaubt?

Heloiſe. Reiſeſt du fort?

Orion. Ich nicht, aber ſie.

Erlis. Meine Schweſter? Wohin?

Orion. Nach Lavinia.

Alle beben.

Orion. Nu, nu, es iſt ja ſo weit nicht. — Unter uns ich mußte Hillmann dem Fürſten aus den Zähnen räumen, Kamilla muß in Lavinien alle Dokumente verbrennen, und damit ihr nichts geſchieht, gab ich ihr ein paar Mann Wache mit. — Seht! ich meine es gut mit euch.

Erlis. (erblaſſend) Narr, du ſcherzeſt, in einer ſo ernſten Sache.

Orion. Glaubt mir, es wird alles gut gehen. Der Fürſt ahndet nichts. Fragt nur Sartelli, wenn er zurück kehrt.

Heloiſe. (zu ſich) Was ſoll ich denken?

Erlis. Wenn du uns belügſt?

Orion. Bey deiner Ehrlichkeit, nein!

Elim. (zu Erlis) Er weiß um alles, um ſo ehe muß er ſterben. (laut zu Orion) Darf man dir trauen?

Orion. Auf meine Ehre, ja! So wahr Sartelli ein Bube iſt, ſo wahr betrüg ich euch nicht, Kann man ſo luſtig ſeyn, wenn man ein Schurke iſt? — Warum ſeyd ihr traurig? Tralarala —

Heloiſe. Du biſt heute ſehr luſtig.

Orion. Ende gut, alles gut, ich will meiner Kappe keine Schande machen.

Erlis. Gut, daß du dich an deine Kappe erinnerst. Du warst nahe daran, sie zu vergessen.

Orion. Ja ich treibe nebstbey Handel und Wandel.

Heloise }
Elim.   } Wie?

Orion. Ich etablire jetzt eine neue Handlung, wollt ihr mein Associé werden?

Heloise. Darf man wissen, in was dein Handel bestehen wird?

Orion. Warum nicht. In Masken.

Elim. Ein ganz eigener Handel.

Orion. Der aber gewiß seinen Mann reichlich ernährt.

Heloise. (lachend) Du glaubst, weil hier der Fasching ist?

Orion. Hier in Aglaja ist ein ewiger Fasching.

Elim. Dein lustiger Humor gefällt mir, ich will ihr zu Hilfe kommen. Ich habe eine Sorte ganz ächter Ungar erhalten. Diesen Abend ist Gesellschaft bey mir, du bist geladen.

Orion. Ist der Ungar gut?

Erlis. Aus der ersten Hand.

Orion. Ey, und ich bin heute versagt. Doch willst du mir einige Flaschen zukommen lassen, so leer ich sie auf eure Gesundheit.

Elim. Du sollst eine Probe bey dir finden,
wenn er dir mundet, steht dir mehr zu Diensten.

Orion. Danke: ich werde daran genug
haben.

Heloise. (zu sich) Das glaub ich.

Erlis. (zu sich) Gute Gesundheit.

Vierter Auftritt.

Astolph tritt ein. Alle verbeugen sich, er geht an
ihnen vorüber, macht Heloisen eine Kopfnickung,
und geht mit Papieren zu Orion.

Elim. Ha, was ist das?

Heloise. Ich zittre!

Erlis. Wehe dir Narr, wenn du kein Narr
bist!

Astolph. Ich will allein seyn. (zu Heloise)
Sie Gräfin erwarten mich in ihrem Kabinete.
(etwas sanfter.)

Heloise. (zu sich) Ich hole Athem.

Orion. (während der Fürst in den Papieren blät=
tert) Unbesorgt! es ist nur Aprilwetter. Mei=
ner wartet eine Rollsuppe, weil ich Hillmann
entließ — Geht Kinder, geht.

Alle erstaunt ab.

Fünfter Auftritt.

Aſtolph, Orion.

Aſtolph. Ha Orion! Welche teufliſche Pla=
ne. Ich mußte all meiner Macht gebiethen, vor
der Zeit nicht meinen gerechten Zorn ausbre=
chen zu laſſen. Wie kann ſo viel Arges in dem
Ebenbilde Gottes, in dem Menſchen liegen?

Orion. Auf einmal wird man kein Böſe=
wicht. Der erſte Schritt führt zum zweyten,
der zweyte zu dem letzten.

Aſtolph. Unmöglich kann Heloiſe mit in dem
teufliſchen Plan verwickelt ſeyn?

Orion. Sieh, und weine, oder lache viel=
mehr deiner Rettung.

Aſtolph. Dieſes Lächeln der Unſchuld, die
Miene der unbeſcholtenen Tugend, nein, es iſt
nicht möglich, dieſe himmliſche Auſſenſeite ver=
ſteckt keinen Teufel, oder ſelbſt die Engel des
Lichtes müßten trügen können.

Orion. Aſtolph! du haſt ſchon ſo lange mein
Wäldchen nicht beſucht, dort hab ich nahe an
für Stella, Wolke und Golden meine Freun=
de neue Grabmähler angelegt. Nimm Heloiſen
mit, mit Elim und Erlis, dort ſtudiere ihre
Züge und ihre Seele. An den neuerbauten

Luſtſchloſſe deiner Heloiſe, führt der neue Weg dahin. — dort richte.

Aſtolph. Orion! mein Herz ſoll ſchweigen, wenn meine Pflicht mich ruft. Ich lebe für mein Volk, dann erſt für mich.

Orion. Guter Aſtolph! Vertraue auf Gott und Orion. Das Ende deiner Leiden naht, und ſo geh bald an deine Geſchäfte. Durchwa= che Nächte, damit deine Unterthanen ſchlafen können.

Aſtolph. (in ſeinen Armen) Das will ich, wenn du mein Freund, und mein Leiter ſeyn willſt.

Orion. Sey fleißig und gerecht.

Aſtolph. (ab.)

Orion. (allein) Orion! Noch biſt du vom Himmel nicht verworfen. Sartelli iſt wieder hier, und mit ihm ein Schatz, den Millionen nicht aufwiegen. Fort Orion! vollende, was du begañſt. (will ab.)

Sechſter Auftritt.

Sartelli verhüllt. Orion.

Sartelli. Iſts hier geheuer?

Orion. Wie unter deines gleichen.

Sartelli. Das heißt also sicher. — Ja Orion,
jetzt bin ich bald werth zu sagen: 'ich bin einer
eures Gleichen. Mit Abscheu seh ich auf die
Vergangenheit, mit süsser Hoffnung der Zu=
kunft entgegen. Alles ist, wie es seyn soll. Die=
se Hand, die einst Gift nur mischte, und Dol=
che schwang, träufelt jetzt Balsam in die Wunde
des Leidenden. Diese Hand rettet die Unschuld,
trocknet des Unglücklichen Thräne. O! es ist
in der Tugend selbst eine solche Belohnung, daß
man den Himmel entbehren könnte. Orion! ich
habe gethan, was ich konnte — Sind auch
meine Vergehungen nicht gänzlich getilgt, so
heilen doch die Wunden meines Herzens zu,
und bald werden es Narben werden, die mich
nur bey unsteter Witterung und aufwachenden
Gewissen an meine Wunden erinnern.

Orion. Sey ruhig. — Jeder Mensch trägt
seinen Bündel. Gold oder Bley, es ist gleiche
Schwere, wenn es gleiches Gewicht ist. Du
hast doch alles gerichtet?

Sartelli. Pünktlich. Der Bauer mit seinen
Kindern, und der Knabe sind bestellt.

Orion. Er hat an ihm als gute Gottheit
gehandelt, der Knabe soll ihm als Engel ein Bo=
the des Friedens werden. Ist das Laster be=
siegt, die Tugend gerächt, dann Friede mit
dir o Menschheit. (beyde ab.)

Verwandlung.

Eine andere Gegend eines Wäldchens mit einem vom
Holz angelegten Ideale eines neuen Grabes für
Stella. Neben diesem sind zwey frischaufgeworfene
Gräber, an denen noch die rohen Steine liegen.
(Mondschein.)

Siebenter Auftritt.

Guntram der alte Bauer, mit seinen 4 Kindern.

Guntram. Hier war es, wohin uns der gu=
te Narr bestellte. O mein Gott! wie tief ist die
Menschheit gesunken; wenn der vortreflichste
Mensch die Kappe der Narrheit ergreifen muß.
Diese Bittschrift soll ich übergeben, was wird
es mir nützen? —

1tes Kind. Vater, da ists traurig.

2tes. Mich hungert.

3tes. Liegt da die Mutter todt? (aufs Grab)

Guntram. Ja, die Mutter des Landes.

4tes. Was sind denn das für zwey Gruben.

Guntram. O mein Kind, die gehören für gu=
te Menschen, daß sie sich ausschlafen können. —
O mein Golden, mein Wolke!

1tes. Weine nicht Vater, lieber will ich
nichts essen.

Achter Auftritt.

Astolph, Heloise, Elim, Erlis, Vorige.

Heloise. (das Grab erblickend) O was machen Ihro Durchlaucht an diesem traurigen Aufenthalt?

Elim. Jenes Lustschloß Heloisens, das Ihro Durchlaucht ihrer Aufmerksamkeit würdigten, zeigt einen reitzendern Anblick. (hinweisend)

Erlis. Das macht zu melancholisch hier.

Astolph. Ein Fürst muß auch weinen können. (erblickt den Bauer)

Guntram (wirft sich mit seinen Kindern den Fürsten zu Füßen.)

Astolph. Was ist das? — Wer ist er?

Guntram. Der Besitzer jenes Gutes, das nun ein irrdisches Paradieß ist.

Heloise. Gott!

Elim. Verwegner!　　(wollen den Bauer ab-

Erlis. Fort mit euch!　treiben.)

(Die Kinder klammern sich um den Vater.)

Astolph. Sprecht!

Guntram. Erbarmen! — Das wird für mich sprechen. (reicht ihm die Schrift.)

Eine Stimme (aus Stellas Grabe) Höre ihn an! lies und richte.

(Alle erstaunen.)

(Aus dem Grabmahle kommt der Knabe als Genius,
weiß gekleidet mit einer Palme)

Astolph. Wer bist du?

Knabe. Der Hüter an Stellas Grabe. —
Astolph! wenn du noch Astolph bist, so denk
an Orion und Askali, achte nicht auf die Lo=
kungen jener betrügerischen Syrene. (auf He=
loisen) Ihre Schönheit ist falsch, wie ihr Herz.
— Sieh hieher, und wenn du Vater des Lan=
des bist, so lies, lies Orions Handschrift.
(reicht sie ihm.)

Elim. Ha! daß ich die Kröte erwürgen
könnte.

Heloise. Mein Unglück ist gewiß.

Knabe. Dein Pallast, Heuchlerin! ward
auf die Trümer dieses Mannes errichtet. Schä=
me dich.

Astolph. (der indeß gelesen) Ha! der schänd=
lichen Büberey! Ist das deine Tugend? Mit
elenden Buben machtest du gemeine Sache,
nahmst darum die Maske eines Engels vor,
um mich desto fester an die Teufeley deiner Ge=
nossen zu fesseln, mich zum Tyranen, Aglaja
zum Wohnorte des Jammers zu machen.

Heloise. (will sprechen)

Astolph. Schweig! du bist entlarvt, dein,
und deiner bübischen Genossen blasse Todesge=
stalt,

ſtalt, ſpricht wider euch. Hinweg aus meinen Augen.

Neunter Auftritt.

Ein Bothe, Vorige.

Bothe. (ängſtlich) Ach! Ihro Durchlaucht! —

Aſtolph. Was giebt es?

Elim. Gewiß Nachricht vom Tode des Narren.

Heloiſe. (zu ſich) Wenn ich nur gerächt bin.

Bothe. Wunderdinge! — Es läßt ſich ein Geiſt in den Alleen dieſes Wäldchens ſehen, ſein Gang und ſein Aeuſſeres ſind ganz dem des Hofnarren ähnlich.

Erlis. Ha!

Heloiſe, (furchtſam) Ein Geiſt?

Elim. Gott ſteh mir bey! —

Aſtolph. Unmöglich!

Bothe. Und dennoch. Alle Wachen ſagen einſtimmig, ihn geſehen zu haben. (erſchrocken nach dem Seitengange) O Himmel! Sehen Sie dort, dort ſchwangt er daher!

Heloiſe. Der Himmel ſteh mir bey.

Elim. Ich und alle — guten Geiſter —

Erlis. Loben ihren Herrn.

Zehnter Auftritt.

Orion kommt im weißen Tallar einhergeschritten.
Die Vorigen.

Alles bebt.

Astolph. (zieht den Degen) Ha! was soll das? Wollt ihr mich zum Kinde machen, mich durch Ammenmärchen zu schrecken?

Orion. (wirft den Tallar von sich) Ich bin Orion!

Alle. (nach Verhältnissen) Orion!

Astolph. (mit einigem Unwillen) Was soll die Mumerey!

Orion. Ich wollte dir blos zeigen, wozu mich die Herren gern machen wollten.

Astolph. (erstaunt) Wie?

Orion. Wie gesagt, zum Gespenst wollten sie mich machen. Hier die Beweise. (zieht die Boutellien.)

Astolph. Wer sind die Buben?

Orion. Hier sind sie. (füllt den Becher mit Wein) Was zittert ihr, ich bin kein Geist, sondern habe Fleisch und Blut. Trink es deinem Freunde zu Elim — Nun, was zögerst du? Trink Heloise! Der Ungar ist gut.

Astolph. (grimmig) Trinkt!

Elims Händen entstürzt der Becher, das böse Gewissen steht auf aller dreyen Stirnen.

Orion. Bist du überzeugt?

Aftolph. Zittert Elende! eure Bosheit ist überreif. — Fort mit Ihnen —

Orion. Noch nicht Aftolph — Genius — vollziehe deine Pflicht.

Knabe. Erwacht ihr Edlen! Steht auf!

(Dreyfacher Posaunenruf)

Wolke, Golden, Friedhels steigen aus den Gräbern.

Aftolph. Ist es möglich? Ist das ein Traum. Golden! Wolke! Friedhels!

Orion. Es ist Wirklichkeit! — Sie leben! — Durch mich und durch diesen.

(Sartelli wird von Orion vorgeführt.)
(Sartelli wirft sich zu Aftolphs Füssen.)

Orion. (zu Erlis) Eure Schwester sitzt zu Torindo.

Erlis. Könnt ich dich tausendfach ermorden.

Aftolph. Orion! zu was machst du mich?

Orion. Das, was du aus deinem Volke machen wirst — glücklich — Kennst du diesen Knaben?

Aftolph. Nein!

Orion. Du gabst ihm seiner Mutter, er gebe dir das Glück des Lebens wieder. Kennst du diesen? (auf Sartelli) Es ist Sartelli der Bandit.

Aftolph. Gott!

Orion. Ihm dankst du alles, ihm, den reuigen Missethäter!

(Eine feyerliche Harmonie ertönt.)

Der Knabe.

Es stürzen Gräber, Pyramiden,
   Die Beute giebt der Tod zurück,
Viel Leiden waren dir beschieden,
   Im Grabe nur besteht dein Glück.

Chor von innen.

Im Arm der Liebe ruht sichs so wohl,
   Mehr als im Schoos der Erde —
O Astolph komm, das Maas ist voll,
   Gott schuff ein neues Werde.

Elim. (Welche Stimme!
Heloise. (

Astolph. (unter der Musik) Gott! was hör ich? Stella! Sie lebt?

Stellas Stimme von innen. Mein Astolph!

Orion. Hier stehen die Verbrecher. (auf Elim, Erlls und Heloisen) Ihr Tod war bestimmt, nur ihre Jugend war ihr Retter. Ein entferntes Kloster war ihr Aufenthalt, in dem sie unerkannt litt. Als man sah, daß du wieder Astolph würdest, und ich Orion sey, ward ihr Tod beschlossen. Dieser hat sie gerettet. (auf Sartell) Und Gott war mit uns.

Astolph. Schändliche! Der bitterste Tod sey eure Strafe. — Wo ist sie? — Hin in ihre Arme!

Elim.   (

Erlis.   (ſinken dem Fürſten zu Füſſen.)

Heloiſe.   (

Aſtolph. Fort aus meinen Augen! — Stel=
la! (er will zum Grabmal.)

Elim.   (

Erlis.   (Wollen fort gehen.

Heloiſe.   (

Orion. Bleibt! Zeuge der Himmelsfreuden
zu ſeyn, iſt Qual der Verworfenen. Ich ließ
ein Kartenhaus ſtürzen, warum nicht auch die
ohnehin morſche Hülle des Todes. (klatſcht in
die Hände.)

Stellas Grabmal ſtürzt zuſammen. Hinter ihm ſteht
ein kleiner Pyramidalförmiger Altar, mit einem Op=
fertiſche, worauf eine Flamme lobert. Ober ihm ſteht
transparent ,, Aſtolph und Stella '' Mehrere Un=
zerthanen kommen aus dem Gebüſch. Ein Chor von
Männern und Weibern, Mädchen und Knaben kom=
men mit Guirlanden Nymphenartig gekleidet.

Stella. (fliegt in Aſtolphs Arme) Mein Aſtolph!

Aſtolph. Stella!

Alles ruft. Es lebe Aſtolph und Stella!

Guntram (und ſeine Kinder ſtürzen nieder.)

Elim.   (

Erlis.   (entfliehen.)

Heloiſe.   (

Aſtolph. (an Orions Halſe) Durch dich dieſe Seligkeit.

Orion. Wenn ich auch ſelbſt nicht glücklich bin, will ich Glückliche machen. (zu Sartelli) Was ſagt dein Herz.

Sartelli. Es ſpricht mich frey.

Orion. Wir bleiben beyſammen.

Sartelli. Wenn Gott will, auf ewig!

Aſtolph. Orion! Im Arme dieſes geliebten Weibes ſchwöre ich dir, Vater des Landes und der Armen, gerechter Richter, und Schützer der Unſchuld zu ſeyn. Mit was kann ich dich belohnen?

Orion. Erfüllte Pflicht bedarf keiner Beloh=nung. Mich belohnt dein Glük und deine Freundſchaft, ich that, was ich konnte. Mein Wunſch iſt, nicht verkannt zu ſeyn, daß man mich liebe, und ſage: Er ſchätzte ſeinen Für=ſten, liebte ſein Vaterland, und war kein bos=hafter, ſondern ein guter Narr. (indem er die Kappe wegwirft, und den Fürſten umarmt) Nun bin ich dein Freund!

Chor.

(Indem den Fürſten und Stella die Tanzenden um= geben.

Hüpft und tanzet hier in Reihen,
Euch des Lebens neu zu freuen,
Reichet euch im Tanz die Hand.

Heil in diesem frohen Jahre
Unserm hohen Fürstenpaare,
   Heil dir deutsches Vaterland.
Hüpfet und tanzet in Reihen
Euch dieses Lebens zu freuen,
Reichet euch friedlich die Hand,
Gott schütze Fürsten und Land.

Ende.